現場の悩みを解決！

退職をめぐるトラブル対応の実務

弁護士法人髙井・岡芹法律事務所

代表社員弁護士
岡芹健夫

弁護士
近藤佑輝

労務行政

はしがき

　2023年現在においても、わが国における労働実務では、労働契約法16条に代表される解雇権濫用法理が生きており、それにより終身雇用が原則的な雇用制度となっています。しかし、近年、世界においては、技術革新とそれに伴う企業の業態の変化のスピードが著しく、それに併せて、いつまでも同一の企業で同一の業種に従事するという働き方は少なくなってきています。その影響は、わが国にも及びつつあり、労働者の企業間、業種間の移動が少しずつ広がりつつあるように思われます（それでも、世間でよく言われるように、世界的に見ればまだまだではありますが）。また、労働者側も、一つの企業に縛られた仕事、生き方をするのを好まない人が増えてきていることもあり、わが国でも、転職を選択する労働者が以前よりも増えつつあります（特に、若年層ほどその傾向が強く見られます）。

　これに加えて、残念ながら、バブル崩壊以降の失われた30年の間、わが国の国際競争力は新商品の開発力の低さ等もあって大きく低下し、これに昨今のコロナ禍も相まって、従前のような経営的余力を失った企業が増加し、そうした企業が、退職勧奨・早期退職募集といった人件費節減措置を行うケースも多くなってきています。

　以上のように、労働者の転職は、近年、増加傾向にあります。厚生労働省「令和4年版　労働経済の分析」によると、わが国の転職者数は、2008年のリーマンショックの発生後、2010年にかけて大きく減少し、2020年以降もコロナ禍により減少傾向が続いていますが、2011年から2019年にかけては緩やかな増加傾向で推移し、特に2019年は353万人と、数値が比較可能な2002年以降で過去最多となったようです。そのため、企業においては、退職を巡るトラブルも増加傾向にあるところです。退職を巡るトラブルには、それこそ時系列的に挙げても、退職に至る経緯におけるトラブル（職場でのハラスメント、退職勧奨等）、退職の際のトラブル（錯誤の有無、代行者による退職意思の通知等）、退職した後に

生じるトラブル（競業避止義務違反、それに伴う退職金の減額・不支給等）、と広範に及び、それらは意外と相互に関連しない性質を有しています。

　以上の見地に鑑み、本書では、退職を巡る広範なトラブルについて一通りの法的見解とそれに基づく実務上の対処方法を解説しています。また、読者の理解を深めるために、かつ、実務に当たる人事労務担当者がより即座に本書を活用できるように、実務上、よく見られる具体的事例を想定した設問に対し、回答形式で解説するという手法も取り入れることとしました。これに加えて、多くはありませんが、トラブルを未然に防止するための規定例を幾つか紹介しています。

　本書の目次だけでも通覧していただければ、少なくとも現時点の実社会における退職を巡るトラブルについて、かなりの部分につき、その一次的な対応方法がお分かりいただけるものと考えています（もちろん、トラブルの具体的な内容はそれこそ同一のものは二つとなく、最終的な対応・判断に当たっては各論的な事案に即した検討が必要にはなります）。本書を参考にしていただくことで、企業のみならず労働者の側も、近時増加しつつある退職を巡るトラブルを回避することができ、これにより少しでもスムーズな企業間、業種間の労働者の移動が実現すれば、筆者としては望外の幸せです。

　最後に、本書の発刊に際しては、共同執筆者の近藤佑輝弁護士、弊所パラリーガルの齊木絵津子氏はもとより、労務行政研究所の井村憲一様、金岡圭様、上林智弘様等、多くの関係者に多大なご支援をいただきました。この場を借りて厚く御礼申し上げます。

弁護士法人髙井・岡芹法律事務所
代表社員弁護士　岡芹　健夫

Contents

安心できない退職後のトラブル

♦♦♦ 円満退職に向けた従業員との関わり方

第7章 退職してほしい従業員への対応（円満退職に向けて） 184

第8章 早期退職募集と希望退職募集における留意点 196

第9章 事例で見る トラブルを防ぐ退職のマネジメント 204

3 早期退職募集と希望退職募集の実施・運用

付録

凡　例

◆ 法令名の略語・正式名称

略称	正式名称
労基法	労働基準法
労契法	労働契約法
プロバイダ責任制限法	特定電気通信役務提供者の損害賠償責任の制限及び発信者情報の開示に関する法律
育児介護休業法	育児休業、介護休業等育児又は家族介護を行う労働者の福祉に関する法律
男女雇用機会均等法	雇用の分野における男女の均等な機会及び待遇の確保等に関する法律
障害者雇用促進法	障害者の雇用の促進等に関する法律

◆ 告示・通達略語

厚労告	厚生労働省告示
基発	労働基準局長通達
基収	労働基準局長が疑義に答えて発する通達
婦発	婦人局長名通達

※告示とは、公の機関（国や地方公共団体）などから、公式に一般に向けて広く知らせること。

※通達とは、行政機関（厚生労働省など）が、その所掌事務に関して所管の諸機関や職員に命令または示達する形式の一種。法令の解釈、運用や行政執行の方針に関するものが多い。

●法令・URL 等は、2023 年 1 月 1 日時点のもの。

退職トラブルへの対応と予防策

第1章

どの会社でも起こり得る "退職トラブル"

1 そもそも "退職" とは何か

[1] 解雇と退職の違い

　一般に、"解雇" とは、使用者（会社）が労働者（従業員）との労働契約を一方的に解約すること[1]をいい、"退職" とは解雇以外の事由によって労働契約が終了することをいいます。

　解雇と退職のどちらも会社と従業員の間の労働契約を終了させる行為であり、その意味では、両者に法的効果の違いはありません。

　しかしながら、解雇については、退職に比べてさまざまな規制がなされます [図表 1-1]。例えば、業務災害による休業中の解雇制限（労基法 19 条）、解雇予告義務（同法 20 条）等の特別な規制がなされており、とりわけ大きな規制として、解雇権濫用法理（労契法 16 条、17 条）の適用があります。つまり、会社には解雇の自由があるにもかかわらず、例えば無期労働契約の場合、解雇を行うためには、客観的に合理的な理由、かつ、社会通念上相当であることが必要とされています。これらの要件は日本の裁判例上、簡単に認められるものではありません。

　一方で、退職であれば、原則としてこのような規制がなく労働契約を終了させることができる点で、会社にとっては有利になります。そのた

1　竹内昭夫他編『新法律学辞典　第 3 版』［有斐閣］102 ページ。

図表 1-1　解雇時の法令上の規制（例）

会社が従業員を解雇する場合には、さまざまな規制がなされる

業務災害による 休業中の解雇制限 （労基法 19 条）	労働者が業務上負傷し、または疾病にかかり療養のために休業 する期間とその後 30 日間は解雇してはならない
解雇予告義務 （労基法 20 条）	労働者を解雇しようとする場合は、少なくとも 30 日前にその 予告をしなければならない。30 日前に予告をしない場合は、 30 日分以上の平均賃金を支払わなければならない
解雇権濫用法理 （労契法 16 条、17 条）	無期労働契約の場合、客観的に合理的な理由があり、社会通念 上相当であると認められなければ解雇は無効となる 有期労働契約の場合、やむを得ない事由がなければ解雇は無効 となる

め、会社から労働契約を終了させる場合、実務においては、解雇を選択する前に退職（とりわけ合意退職）が可能かどうかを検討することが多く見られます。

[2]　退職の種類

　退職の種類としては、代表的なものとして、辞職、合意退職、当然（自然）退職が挙げられます。

[3]　辞職

　辞職とは、従業員による一方的な労働契約の解約をいいます[**図表1-2**]。期間の定めのない労働契約（無期雇用）の場合は、辞職の申し入れはいつでもすることができ、申し入れをした日から 2 週間経過後に労働契約が終了することになります（民法 627 条 1 項）[2]。

2　令和 2 年 3 月 31 日までは、旧民法 627 条 2 項および 3 項により、賃金の控除が予定されていない月給制（完全月給制）の場合、辞職は、月の前半（15 日まで）であれば翌月以降、16 日以降であれば翌々月以降に効力が生じるとされ、また、6 カ月以上の期間によって報酬を定めた契約（年俸制等）であれば、3 カ月前に申し出をする必要がありましたが、平成 29 年法律 44 号による民法改正（令和 2 年 4 月 1 日施行）において、同条項の適用は会社側からの解約（解雇）の場合に限られたため、辞職は 2 週間前までに申し入れをする限り、いつでも可能となりました。

図表 1-2 辞職とは

辞職：従業員による一方的な労働契約の解約	
期間の定めのない労働契約 （無期雇用）	・辞職の申し入れはいつでも可能（退職の自由） ・申し入れをした日から 2 週間経過後に労働契約が終了 　（民法 627 条 1 項） ・会社に到達した時点で効力が発生するため、申し入れ 　した後は撤回はできない
期間の定めのある労働契約 （有期雇用）	・期間途中での辞職の申し入れはできない ・例外的に、やむを得ない事由がある場合には直ちに労 　働契約を終了することができる（民法 628 条）

　他方、期間の定めのある労働契約（有期雇用）の場合は、原則として期間途中での辞職の申し入れはできません。例外として、やむを得ない事由がある場合には直ちに労働契約を終了することができ、その事由が当事者の一方の過失によって生じたものであるときは、相手方に対して損害賠償責任を負うことになります（民法 628 条）。

　これらの規定は強行法規と解されているので、退職には会社の許可を必要とする旨の規定を就業規則等で定めたとしても無効となります。

　また、辞職は、従業員の一方的な意思表示であり、会社に到達した時点で効力が発生するため、合意退職の申し込みと異なり、撤回はできません。さらに、辞職は、辞職までの間、業務引き継ぎなどの労働義務を誠実に果たす限り適法であり、会社は、辞職したこと自体により損害を被った場合であっても、従業員に対して、その損害の賠償をさせることはできません（菅野和夫『労働法　第 12 版』［弘文堂］751 ページ）。

[4] 合意退職
(1) 合意退職とは

　合意退職とは、会社と従業員が合意の上、労働契約を解約することをいいます。合意退職の場合は、会社と従業員が合意した日付をもって退職の効力が発生することになります。

　合意退職の方法については法律等において特段定められていません。そのため、書面、口頭やチャットツール等の方式を問わず、会社と従業員が退職について合意した場合は合意退職が成立することになります。

　もっとも、将来的に退職に関する紛争となった場合に立証を容易にするという観点から、実務上は、従業員に退職届などの書面を提出させたり、会社が退職受理書を交付したりすることが一般的です。

(2) 合意退職の成立時期と撤回の可否

　合意退職は、一方の当事者が合意退職の申し出を行い、これに対する相手方当事者の承諾が申し出を行った者に到達したときに初めて成立します [図表1-3]。申し出を行った者は、合意退職が成立するまでは、信義に反すると認められるような特段の事情がない限り自由に撤回することができますが（昭和自動車事件　福岡高裁　昭53.8.9判決）、相手方が承諾し、合意退職が成立した後には、もはや、一方的に撤回することはできず、合意した退職日における退職を待つことになります。

　そのため、（信義に反すると認められるような特段の事情を除き）合意退職の申し出の撤回の可否については、相手方の承諾の意思表示が申し出を行った者に到達したかどうかで判断することとなります。

　会社にとって退職してほしくない従業員から合意退職の申し出の撤回の意思表示がされた場合、会社は、承諾後であっても撤回を認めるのが通常ですので、問題とはなりません。しかし、会社にとって退職してほしい従業員から合意退職の申し出の撤回があった場合には、撤回の有効性、すなわち合意退職の効力について紛争に発展するリスクがあります。前述のとおり、会社としてはいつでも自由に解雇できるわけではないので、退職してほしい従業員との間で退職の効力が生じないと、その従業員を退職させることが難しくなります。

　また、実務上では、従業員からの退職の申し出は直属の上司に対して退職届等を提出することによりなされる場合が多く、一次対応者が人事権限を持たない者であることも少なくないため、いつ合意退職が成立す

図表 1-3 合意退職の成立

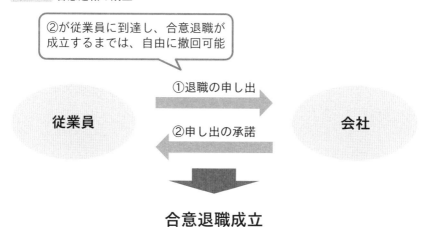

②が従業員に到達し、合意退職が
成立するまでは、自由に撤回可能

①退職の申し出

従業員　　　　　　　　　　会社

②申し出の承諾

合意退職成立
合意成立後は、退職の申し出を
一方的に撤回することができない

るかがしばしば争点となります。

　この点につき、判例は、一般的に退職承認の決定権がある人事部長が退職願[3]を受理したことをもって、従業員の合意退職の申し込みを承諾したと判断しています（大隈鐵工所事件　最高裁三小　昭 62.9.18 判決。なお、同判例は、人事部長が一般に退職願に対する承認の決定権があると判断したわけではないことに留意する必要があります）。

　したがって、退職届等が従業員から提出された場合には、当該従業員の退職について、承認を行う決定権がある従業員が受理したことにより、会社側が従業員の合意退職の申し出を承諾したといえます。

　従業員の直属の上司等に退職の承認を行う決定権がある場合は、従業員の退職届等を受理した時点で当該従業員に退職届等が受理された事実

3　退職願と退職届の違いについて、一般的に、退職願は会社に退職を願い出るもの、退職届は退職の意思を一方的に会社に届け出るものと説明されることが多いですが、これらは単に形式に過ぎません。法的には、後述(3)のとおり、退職願と退職届の名称いかんによらず、原則として合意解約の申し込みと考えられることになります。

が到達していますので、その時点で合意退職が成立することになります。逆に言えば、直属の上司等に退職の承認を行う決定権がない場合には、承認の決定権がある従業員が退職届等を受理した事実を改めて従業員に伝える必要があります。

　会社としては、社内規程において、従業員の合意退職の申し出に対する承認権限を人事部長等の従業員に与える旨の規定を作成し、権限の所在を明確にした上で、承認権限のある従業員による退職届等の受理およびその旨の従業員への通知を速やかに行い、早期に合意退職を成立させることが肝要でしょう。

　なお、合意退職の申し出・撤回でも、会社側からの申し出とその撤回は、仮に撤回が認められ合意退職の効力が発生しないとしても、従業員としてはいつでも自由に辞職することができるので（民法627条1項）、実務上、あまり問題とはなりません。

（3）辞職と合意退職の申し出の区別

　前述のとおり、辞職の場合は撤回ができないのに対して、合意退職の申し出であれば、信義に反すると認められるような特段の事情がない限り、会社の承諾が従業員に到達するまでは撤回が可能です。そのため、従業員が会社に対して、退職の意向を示した場合に、それが辞職の意思表示であるのか、それとも合意退職の申し出に過ぎないのかが問題となることがあります。

　裁判例は、従業員が会社の同意を得なくても退職するとの強い意思を有している場合を除き、従業員が退職の意向を示した場合は、原則として、合意解約の申し込みであると解しています（全自交広島タクシー支部事件　広島高裁　昭61. 8.28判決、大通事件　大阪地裁　平10. 7.17判決等）。もっとも、上記裁判例のうち、前者は、「労使関係は信頼の重視されるべき継続的契約関係であり、一般的には労働者は円満な合意による退職を求めるし、使用者も同様であると推測されること」を理由としているのに対し、後者は、「辞職の意思表示は、生活の基盤たる従業員の

地位を、直ちに失わせる旨の意思表示であるから、その認定は慎重に行うべき」であるとしており、理由づけは裁判例によって異なります。

[5] 当然（自然）退職

当然（自然）退職とは、一定の事由が発生すると当然に労働契約が終了するものをいいます。

さらに、当然（自然）退職の中でも、当事者の消滅による当然（自然）退職と、就業規則等に定められた当事者の包括的同意に基づく当然（自然）退職に分けられます **［図表 1-4］**。

(1) 当事者の消滅による当然（自然）退職

労働契約上の地位は当該従業員の一身に専属的なものであって相続の対象になり得ないため（エッソ石油事件　最高裁二小　平元.9.22判決）、従業員が死亡した場合、または、使用者が個人である場合のその個人が死亡した場合には、労働契約は終了します。また、使用者である法人が解散した場合（合併または破産手続き開始の場合を除く）、清算手続きが完了すれば、当該法人の法人格は消滅するため、労働契約関係も消滅することになります。

なお、株式会社が解散した場合には、清算手続きに入り（会社法475条1号）、清算人によって「現務の結了」がなされることとなりますが（同法481条1号）、この「現務の結了」とは、会社の解散当時未了の状態にある事務の後始末をつけることであり、これには、従業員との間の雇用関係を終了させることが含まれます（落合誠一編『会社法コンメンタール12　定款の変更・事業の譲渡等・解散・清算(1)』［商事法務］187ページ）。この場合、実際には、清算人による解雇、または従業員との間での合意退職の成立によって、労働契約関係を終了させることになるため、株式会社が解散したことで当然（自然）退職となる例はあまりないと考えられます。

図表 1-4 当然（自然）退職の分類

当事者の消滅によるもの	包括的同意に基づくもの
・従業員の死亡 ・使用者（個人事業主）の死亡 ・法人格の消滅 　など	・定年退職 ・休職期間満了による退職 ・一定期間の無断欠勤が続いた場合の退職 　など

（2）当事者の包括的同意に基づく当然（自然）退職

　就業規則等により、一定の事由が発生した場合に労働契約が終了する旨を規定した場合、それが合理的である限り、当該規定は有効となり、そこに定められた事由に該当すれば当然（自然）退職となります。一般的に就業規則に定められている当然（自然）退職事由としては、一定の年齢に達した従業員との労働契約が終了する定年退職、休職期間が満了し、復職ができない場合に労働契約が終了する休職期間満了による退職、一定期間の無断欠勤が続いた場合の退職等が挙げられます。

①定年退職

　定年退職は、日本の年功的処遇を基本とする長期雇用システムの下で、雇用保障機能として維持されていることをもって、その合理性が認められているところです（東京大学〔助手定年制〕事件　東京地裁　平 9.4.14 判決、前掲菅野 756 ページ、土田道夫『労働契約法　第 2 版』［有斐閣］640 ページ）。したがって、長期雇用が予定されていない有期労働契約にはなじまない制度であるため、有期労働契約の場合は、定年退職の定めがないことが一般的です。

②休職期間満了による退職

　休職期間満了による退職は、休職期間中に休職事由が消滅することにより復職できなければ、当然（自然）退職となる制度です。そのため、実務上の問題の多くは、休職事由が消滅したか（主に私傷病休職につい

て傷病が治癒したか）否かを巡って生じます。

　従来の裁判例上は、休職事由の消滅とは、従前の職務を通常の程度に行える健康状態に復したときをいい（平仙レース事件　浦和地裁　昭40.12.16判決）、従前の職務に耐えられる程度まで傷病が回復しなければ、会社としては、復職を認める必要はないとされていました（アロマカラー事件　東京地裁　昭54.3.27決定）。

　その後の裁判例では、休職期間満了時に、とりあえず軽易な業務に従事させることが可能なまでは回復しており、復職後相当期間内に従前の職務を遂行し得る状態に回復することが見込まれる場合には、復職を認めるものとされました（エール・フランス事件　東京地裁　昭59.1.27判決）。さらに、職種や業務内容を特定せずに労働契約を締結した従業員につき、現に就業を命じられた特定の業務について労務の提供が十全にはできないとしても、その能力、経験、地位、当該企業の規模、業種、当該企業における従業員の配置・異動の実情および難易等に照らして当該従業員が配置される現実的可能性があると認められる他の業務について労務の提供をすることができ、かつ、その提供を申し出ている場合には、休職事由が消滅し、復職を認める必要があるとされるに至っています（片山組事件　最高裁一小　平10.4.9判決、東海旅客鉄道〔退職〕事件　大阪地裁　平11.10.4判決等）。

　また、休職期間満了により退職扱いとする場合は、解雇予告規制（労基法20条）に留意する必要があります。同条では、使用者が解雇をする場合、少なくとも30日前にその予告をするか、30日分以上の平均賃金を支払わなければならないとしています。この規制の潜脱を防ぐため、会社には30日以上の休職期間を定めることが求められます（前掲菅野747ページ）。

　私傷病休職であっても、実際には業務災害によるものである場合にも、留意が必要です。労基法19条は、労働者が業務上負傷し、または疾病にかかり療養のために休業する期間とその後30日間は解雇してはならないとしています。そのため、私傷病としていたものが業務上のものと認

められた場合は、労基法 19 条の類推適用により、療養のために休業する期間およびその後 30 日間の退職扱いは無効となります（アイフル〔旧ライフ〕事件　大阪高裁　平 24. 12.13 判決）。

③有期労働契約における、契約期間満了による退職

　有期労働契約には、独自の当然（自然）退職事由として、契約期間が満了した場合の退職があります。

　理論上は、契約期間満了時に契約を更新しないことで、有期契約労働者は当然（自然）退職となります。もっとも、有期契約労働者が契約の更新を希望しているのに、契約を更新しない場合は、雇止め法理（労契法 19 条）が適用される可能性があります [図表 1-5]。同条では、①当該従業員との間の労働契約が反復更新により実質的に期間の定めのない労働契約と同視できる場合か、②当該従業員において労働契約が更新されるものと期待することについて合理的な理由がある場合、労働契約を終了させるためには、客観的合理的理由と社会通念上の相当性が必要とされており、有期労働契約においても解雇に近い規制がなされています。実務上、契約期間満了による退職は、労契法 19 条の適用が争われることが多く、その点において、一定の事由が発生したときには労働契約の終了を争いようがないその他の当然（自然）退職事由と異なる特殊性があります。

図表 1-5　雇止め法理の概要

①有期労働契約が反復して更新されたことにより、雇止めをすることが解雇と社会通念上同視できると認められる場合	
②従業員が有期労働契約の契約期間の満了時にその有期労働契約が更新されるものと期待することについて、合理的な理由が認められる場合	①か②に該当する場合、労働契約を終了させるためには、客観的合理的理由と社会通念上の相当性が必要

[6] 自己都合退職と会社都合退職

解雇と退職の区別のほかにも、労働契約の終了原因について、「自己都合退職」と「会社都合退職」という区別がなされることがあります。

この自己都合退職と会社都合退職は厳密な法律用語ではないため、明確な定義は存在しませんが、一般的には、「自己都合退職」とは、従業員の事情に基づいた従業員の判断による退職をいい、「会社都合退職」とは、主な原因が会社（雇用主）側にある退職をいいます。

なお、会社によって違いがよく見られるところでは、自己都合退職か会社都合退職かで退職金の支給率が変わることが挙げられます。

また、一般には、「会社都合退職」であれば、失業給付が退職後すぐに受けられるのに対して、「自己都合退職」であれば一定期間を経ないと失業給付が受けられないという違いがあると認識されています。

失業給付は雇用保険法に規定があります。同法では、特定理由離職者（13条3項）、特定受給資格者（23条2項）等であれば、離職から7日の待期期間（21条）が経過すれば失業給付が受けられるのに対して、正当な理由なく自己の都合により退職した者は、7日の待期期間に加えて、2～3カ月経過後に支給されることと定められています（33条1項、厚生労働省職業安定局雇用保険課「雇用保険に関する業務取扱要領」52205）**[図表1-6]**。そのうち、特定理由離職者には、①期間の定めのある労働契約の期間が満了し、かつ、当該労働契約の更新がないことにより離職した者（その者が更新を希望したにもかかわらず、更新についての合意が成立するに至らなかった場合に限る）、②正当な理由のある自己都合により離職した者が含まれます（同法13条3項、雇用保険法施行規則19条の2）。

そのため、厳密には「自己都合退職」の場合であっても、②のように正当な理由があれば、7日の待期期間の経過後に失業給付を受給できますが、上記の「会社都合退職」と「自己都合退職」の区別からすると、「自己都合退職」であることに変わりはありません。つまり、正当な理由のある自己の都合による退職は「自己都合退職」に含まれつつも、受給

図表1-6　離職理由による失業給付の支給制限の違い

区分	特定理由離職者	特定受給資格者	正当な理由がない 自己都合退職
具体例	・期間の定めのある労働契約の期間が満了し、かつ、当該労働契約の更新がないことによる離職（その者が更新を希望したにもかかわらず、更新についての合意が成立するに至らなかった場合に限る） ・正当な理由のある自己都合による離職［注］	・「倒産」等による離職 ・「解雇」等による離職	・「正当な理由」に該当しない、個人的な事情による離職 例：転職希望による離職
失業給付制限	7日間の待期期間のみ		7日間の待期期間＋2〜3カ月の給付制限

［注］「正当な理由のある自己都合による離職」とは、体力の不足、心身の障害、疾病、負傷、視力の減退、聴力の減退、触覚の減退等により離職した場合や、家庭の事情が急変したことにより離職した場合などが該当する。

制限がなく失業給付が受けられる例外と理解することが適切だと考えられ、「会社都合退職」には含まれないと考えることが妥当でしょう。なお、特定受給資格者には、③「倒産」等により離職した者、④「解雇」等により離職した者があります。

　以上をまとめると、この場面でいう「会社都合退職」には、上記①、③、④が該当し、「自己都合退職」は、②も含めた「自己の都合により退職した者」全般を指しているものと区別できます。

　もっとも、この点は会社の規程の解釈ですので、解釈に疑義が生じないよう、「会社都合退職」「自己都合退職」の定義をそれぞれ定めておくことがよいでしょう。

2 なぜ退職トラブルが起こるのか

　労働契約を終了させる行為である退職は、信頼関係を基礎に成り立っていた労使関係を終了させるという点で、会社側にとっても、従業員側にとっても、最終的な手段です。

　そのため、退職に際しては、会社と従業員の間で話し合いが行われ、両者の納得いくような形で退職となることが理想です（いわゆる円満退職）。

　しかし、現実には、退職に際して何らかのトラブルが生じることも多いです。特に会社が頭を悩ませるものは、退職してほしい従業員、すなわちローパフォーマーや上司の注意指導に従わないといったような、何かしら問題があると会社側が認識している従業員との間の退職トラブルであろうと思われます[4]。

　通常、従業員は、その会社からの賃金を唯一の収入源として生計を立てているため、退職となると、その収入源を失い、自らの生活に甚大な影響が生じることになります。そのため、一般的に、従業員自らが退職を決意することのハードルは高く、これは上述のような、他社からのスカウトが考えられないような問題のある従業員であればなおさらです。

　一方、会社は問題のある従業員に対して「早く退職してほしい」と考えることがあり、早急に退職させるために、執拗な態様で「退職強要」ともいえる退職勧奨を行う、もしくは客観的合理的理由もないのに解雇を行うといった行動に出ることがあります。そうなると、違法な退職勧奨として損害賠償を請求されるとともに、強迫・錯誤等による合意退職の取り消し等の主張をされる、違法な解雇をされたと訴えられるといったトラブルが起こり得ます。これは、会社側の裁判例等を含めた人事労務に関する基礎知識の不足から起こってしまう場合が多く、語弊を恐れ

4　従業員の退職は、基本的には、多大なコストをかけて採用し、さらに採用後も多大なコストをかけて育成した従業員を失うことになり、好ましいものではありません。そのため、会社が退職をしてほしいと考えている従業員は、事実上何かしらの問題点を抱える者であることが多いのが実情です。

ずに言えば、会社として退職に向けた準備が足りない結果と考えられます。

　したがって、会社としては、退職してほしい従業員がいるような場合は、適切に準備をしておく必要があります。

　また、従業員側の都合により退職するということは、より好待遇で他社からスカウトをされたような場合を除き、賃金、労働環境、労働時間への不満等が根底にあることが多いといえます。これらの不満が爆発し、退職に至った場合には、ただ退職するだけでなく、未払い残業代や、ハラスメントを理由とする損害賠償や労働災害の請求がなされることも少なくありません。

　従業員が抱えるこれらの不満は、経営上の理由等によりやむを得ないものもあり、会社として完全に防ぐことは困難と言わざるを得ないところではありますが、退職に際してこのような不満を基にした争いが生じる事態を防ぐためにも、残業時間の管理、ハラスメントが起きない職場環境の構築を行うこと等も重要になります。

3 近年の退職トラブルの動向

　民事上の個別労働紛争相談件数の推移を見ると、近年、解雇にまつわる相談数が減少している一方、自己都合退職にまつわる相談数は増加傾向にあることが分かります（厚生労働省「令和3年度個別労働紛争解決制度の施行状況」〔令和4年7月1日〕）**[図表1-7]**。

　背景としては、少子高齢化による慢性的な人手不足により労働市場が売り手市場となっていることや、終身雇用神話が崩れつつあることにより転職市場が活性化していることが考えられ、この傾向は当面続くものと予想されます。

図表1-7　民事上の個別労働紛争相談件数の推移

	解雇	雇止め	退職勧奨	採用内定取り消し	自己都合退職	出向・配置転換	労働条件の引き下げ	その他の労働条件	いじめ・嫌がらせ	雇用管理等	募集・採用	その他	内訳延べ合計件数
平成	51,515	13,432	25,838	1,896	29,763	9,783	33,955	37,842	51,670	6,136	3,322	38,906	304,058
24年度	16.9	4.4	8.5	0.6	9.8	3.2	11.2	12.4	17.0	2.0	1.1	12.8	100
25年度	43,956	12,780	25,041	1,813	33,049	9,748	30,067	37,811	59,197	5,928	3,025	37,698	300,113
	14.6	4.3	8.3	0.6	11.0	3.2	10.0	12.6	19.7	2.0	1.0	12.6	100
26年度	38,966	12,163	21,928	1,639	34,626	9,458	28,015	36,026	62,191	5,127	2,819	37,667	290,625
	13.4	4.2	7.5	0.6	11.9	3.3	9.6	12.4	21.4	1.8	1.0	13.0	100
27年度	37,787	11,997	22,110	1,604	37,648	9,864	26,392	37,177	66,566	5,422	3,041	37,969	297,577
	12.7	4.0	7.4	0.5	12.7	3.3	8.9	12.5	22.4	1.8	1.0	12.8	100
28年度	36,760	12,472	21,901	1,961	40,364	9,244	27,723	39,096	70,917	6,314	3,162	40,606	310,520
	11.8	4.0	7.1	0.6	13.0	3.0	8.9	12.6	22.8	2.0	1.0	13.1	100
29年度	33,269	14,442	20,736	1,916	38,954	9,075	25,841	39,201	72,067	6,436	2,748	40,336	305,021
	10.9	4.7	6.8	0.6	12.8	3.0	8.5	12.9	23.6	2.1	0.9	13.2	100
30年度	32,614	12,307	21,125	1,870	41,258	9,177	27,082	45,960	82,797	6,383	2,737	40,171	323,481
	10.1	3.8	6.5	0.6	12.8	2.8	8.4	14.2	25.6	2.0	0.8	12.4	100
令和元年度	34,561	13,110	22,752	1,995	40,081	10,163	29,258	52,487	87,570	7,107	2,803	41,079	342,966
	10.1	3.8	6.6	0.6	11.7	3.0	8.5	15.3	25.5	2.1	0.8	12.0	100
2年度	37,826	15,056	25,560	2,387	39,498	10,438	32,301	55,366	79,190	7,651	2,193	40,080	347,546
	10.9	4.3	7.4	0.7	11.4	3.0	9.3	15.9	22.8	2.2	0.6	11.5	100
3年度	33,189	14,346	24,603	1,924	40,501	10,749	30,524	57,847	86,034	8,913	2,537	41,747	352,914
	9.4	4.1	7.0	0.5	11.5	3.0	8.6	16.4	24.4	2.5	0.7	11.8	100

［注］年度ごとに上段が件数（単位：件）、下段が相談内容の全体（内訳延べ合計件数）に占める割合（単位：％）。
　　　下段の合計値は、四捨五入による端数処理の関係で100％にならないことがある。なお、内訳延べ合計件数は、1回の相談で複数の内容にまたがる相談が行われた場合には、複数の相談内容を件数として計上したもの。
資料出所：厚生労働省「令和3年度個別労働紛争解決制度の施行状況」（令和4年7月1日）を基に一部改変。

　自己都合退職に関する目新しいトラブルの具体的な例として、従業員側から見たものとしては、労働力の確保に困窮した会社が、退職届の受理を拒否したり、離職票の交付を拒んだりすることで、強引に引き留めを行い、退職を認めないケースなどが挙げられ、従業員が労働局にあっせん（第2章 **2**【1】参照）を申請するケースも見られます。

　また、会社側から見た目新しいものとしては、例えば、会社からの引き留めを懸念した従業員が、退職を事業者に依頼する、いわゆる「退職代行ビジネス」を利用することも盛んになっています。このような事業者が間に入った場合、退職前に従業員本人と直接会話をすることもなく、業務の引き継ぎを依頼することもできないまま退職されてしまうことになるため、会社としては避けたいところです。

　退職に伴うトラブルとしては、前述のとおり、退職の際に従業員が、残業代等の未払い賃金の請求や、ハラスメント、長時間労働による心身の不調を主張してくるケースは以前から多く見られます。最近は、会社が負担した海外留学費用等の返還を退職する従業員に請求し、これを拒んだ従業員との間で紛争となるケースも散見されます（みずほ証券元従業員事件　東京地裁　令3.2.10判決等。第4章Q15参照）。

　また、SNSの発達により、退職時に労使間でトラブルとなった場合に、レピュテーションリスクが生じる可能性も高くなっており、会社としては慎重な対応が求められるところです（後述 **4**【2】参照）。

4 退職トラブルによる企業への影響・リスク

　退職トラブルにおける企業への影響・リスクとしては、大別して「法的な影響・リスク」と「事実上の影響・リスク」が挙げられます。

[1]　法的な影響・リスク

　法的な影響・リスクが大きいのは、退職が無効となってしまった場合です。退職が無効となった場合は、会社が退職日にさかのぼって賃金（いわゆるバックペイ）を支払う必要が生じる場合があります [**図表 1-8**]。

　会社が行った解雇が無効となった場合、民法536条2項の「債権者の責めに帰すべき事由によって債務を履行することができなくなったとき」といえるため、従業員は賃金請求権を失わないと考えられています。そのため、会社としては、解雇日から解雇が無効とされた日までの、当該従業員が解雇されなかったならば労働契約上確実に支給されたであろう賃金の全額を支払わなければなりません（前掲菅野803ページ）。また、従業員が解雇された後に別の会社で勤務していた場合は、そこで得た賃金については、上記賃金から控除できますが、控除できる金額は平均賃金の4割までとされているため（米軍山田部隊事件　最高裁二小昭37. 7.20判決）、解雇が無効となった場合には、会社は少なくとも平均

図表 1-8　退職が無効となった場合のバックペイ

賃金の6割の支払いは避けられないことになります。

これは、一般的に退職の場合にも当てはまります。すなわち、退職が無効となり、その無効となった退職により従業員が就労できなかった場合には、「債権者の責めに帰すべき事由」に該当することになり、会社は退職時にさかのぼって賃金の支払い義務が発生します。

裁判例では、休職期間満了の退職が無効となった場合（エール・フランス事件　東京地裁　昭59.1.27判決）、退職強要による合意退職が強迫により取り消された場合（ニシムラ事件　大阪地裁　昭61.10.17決定）等において、バックペイが認められています。

退職の無効が争われている場合は、従業員がその会社の下での就労を続ける意図があると解さざるを得ないため、退職が無効となった場合には、基本的には、バックペイの支払いは避けられないと考えられます。さらに、退職の無効の紛争が裁判になった場合、現状の労働事件の平均審理期間が15.9カ月となっているため[5]、バックペイとして平均約16カ月分もの賃金を支払うことが考えられるという点で、会社にとっては、大きなリスクになります。また、退職が無効となると、法的には、一度退職した従業員が復職してくることとなり、これも、会社にとっては頭を抱える問題となります[6]。

［2］事実上の影響・リスク

（1）レピュテーションリスク

労働事件は、判例集に掲載される際に会社名が掲載されてしまうという運用となっているため、退職トラブルによる裁判で和解が成立せず、判決となった場合は、当該退職トラブルが公になってしまいます。さら

5　最高裁判所事務総局「裁判の迅速化に係る検証に関する報告書」（第9回）98ページ。
6　従業員としても、退職トラブルとなったことで、会社に対する信頼は損なわれていることが通常ですので、当該会社の下には復職をしたくはないと考えるケースも多いです。そのため、実務上は、解雇が無効となるような事案であっても、判決前に、裁判所より会社側にそのような心証が開示され、バックペイに加えてそれなりの金銭を支払うことを条件に合意退職を行う旨の和解がなされることが一般的ですが、結局は従業員の意向次第ですので、完全に復職を防ぐことはできません。

に、SNSが発展している昨今では、退職トラブルとなった場合には、当該従業員が、会社に対する不満をSNSに投稿することによって、瞬く間に拡散してしまうリスクを孕んでいます。

その不満が従業員に非があることであれば、さほど問題ではありませんが、このような従業員は、会社にとって不都合な事実（労基法をはじめとする法令違反、ハラスメント等）を、場合によっては客観的な事実ではないことも含めて、投稿してしまうことが想定されます。そして、SNSには、投稿が真実でない場合であっても、あたかもその内容が真実であるかのように拡散されてしまうという特色があり、一度投稿がされてしまうとその情報を訂正するのは容易ではありません（SNSへの投稿に対する具体的な対応は第5章の **4** で詳しく解説します）。

また、近年、法令違反やハラスメントに対するステークホルダー（株主、取引先等）の目は厳しくなっているところですので、裁判で敗訴した場合や法令違反の事実が拡散してしまった場合、会社には、株価の下落、取引先または顧客からの取引の打ち切りによる売り上げの減少、ほかの従業員の退職等の影響が生じることになります。

(2) 退職トラブルに対応する担当者に関するリスク

従業員と会社が退職トラブルとなった場合、自己の意に反して会社との労働契約を解消されたことにより、従業員が会社に対する悪感情を持つことが往々にして見受けられます。加えて、今後もその会社の下で就労を続けていくことが予定されている在職中のトラブルに比べ、従業員にとって、労働審判、訴訟等の裁判手続きを取ることへの心理的負担は軽いものと考えられます。そのため、在職中のトラブルよりも、退職前後のトラブルのほうが裁判に発展する可能性が高い傾向があります。

裁判に発展した場合は、通常、会社の担当者に裁判に向けた準備をしてもらうこととなり、また、証人尋問に出席してもらう可能性もあるため、担当者にかかる業務負担が非常に大きくなります。

[3] リスクを避けるためには

　以上で挙げたリスクを回避するためには、普段から労務管理を徹底し、法令違反をしないことはもちろんですが、従業員との協議等を誠実に行い、トラブルとならないように円満に退職してもらうことが最も重要です。

　したがって、会社としては、円満に退職がなされるように、常日頃から関係規定を整備し、従業員へ慎重かつ誠実な対応を行うことが求められます（具体的な対応は、第３章で詳しく解説します）。

第2章

退職トラブルで
紛争になったら

1 紛争になった場合の解決の手続き

　従業員の退職に当たって、残念ながらトラブルとなってしまった場合には、まずは当該従業員と会社で十分に話し合い、場合によっては会社側から若干の譲歩をしてでも、円満な合意退職を目指していくことになります。

　しかしながら、従業員との話し合いがうまくいかず、トラブルが円満に解決できなかった場合には、紛争解決手段として、外部の機関が介入することになります。主に利用されている手続きとして、「都道府県労働局によるあっせん」「労働審判」「訴訟等の司法手続き」の三つがあります［図表2-1］[1]。

　これらの手続きは、その他の手続きを取ることを要件にしてはいないため（例えば、労働審判の申し立てに当たり、「あっせんがなされていること」といった要件は課されていません）、従業員はいずれの手続きを選択することも可能であり、この点については従業員にイニシアチブがあることになります。

　なお、いずれの手続きにおいても、会社が申し立てすることも可能で

1　その他の紛争解決手続きとして、弁護士会の紛争解決センターによるあっせん、社労士会労働紛争解決センターによるあっせん、簡易裁判所における民事調停等の手段がありますが、こちらの利用数は本文中で挙げた例と比較するとあまり多くありません。

図表 2-1　主な紛争解決の手続き

都道府県労働局によるあっせん	・紛争当事者の間に、労働問題に関する専門家が入り、調整等を行って実情に即した紛争の解決を図る制度 ・あっせん案を提示することもある
労働審判	・裁判官と労働関係専門家からなる労働審判委員会が、原則３回以内の期日で、事案解決のための審判を下す ・当事者が異議を申し立てれば通常訴訟に移行する
訴訟等の司法手続き（通常訴訟等）	・当事者双方が、それぞれ事実の立証および相手方への反証を目的に主張・立証を尽くし、裁判所が判決等によりそれぞれの主張に対する判断を示す

すが、会社としては、社内情報が外部に公開されてしまうことやレピュテーションリスク等を避けるといった理由により、ほとんどの場合、任意の交渉で円満に解決をすることが最適解であることから、会社側からの申し立ては稀です[2]。

2 各手続きにおける実務対応

［1］あっせんの場合

（1）制度の概要

都道府県労働局の紛争調整委員会が行う「あっせん」とは、当事者の間に、弁護士、大学教授等の労働問題に関する知見が深い専門家が入り[3]、双方の主張の要点を確かめ、調整を行い、話し合いを促し、場合によっては「あっせん案」を提示することにより、実情に即した紛争の解決を図る制度です（個別労働関係紛争の解決の促進に関する法律12条2項）**［図表 2-2］**。あっせんは、当事者からの申請があった場合において、紛争解決のために必要があると認められるとき、無料かつ非公開で行われます（同法5条1項、同法施行規則14条）。

2　2021年度では、あっせん申請3760件のうち、事業主側単独の申請が63件と、全あっせん申請中1.7%しかありません（厚生労働省「令和3年度個別労働紛争解決制度の施行状況」）。

3　個別労働関係紛争の解決の促進に関する法律12条1項の規定では、事件ごとに紛争調整委員会の会長の指名により3人のあっせん委員が入ることが原則ですが、同法施行規則7条1項に基づき1人のあっせん委員にあっせんを行わせる事例が多いようです。

図表 2-2 紛争調整委員会によるあっせん手続きの流れ

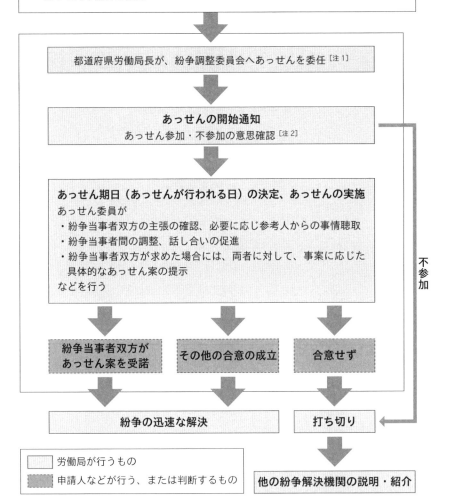

あっせんの申請
都道府県労働局雇用環境・均等部（室）、最寄りの総合労働相談コーナーに、
あっせん申請書を提出

都道府県労働局長が、紛争調整委員会へあっせんを委任 [注1]

あっせんの開始通知
あっせん参加・不参加の意思確認 [注2]

あっせん期日（あっせんが行われる日）の決定、あっせんの実施
あっせん委員が
・紛争当事者双方の主張の確認、必要に応じ参考人からの事情聴取
・紛争当事者間の調整、話し合いの促進
・紛争当事者双方が求めた場合には、両者に対して、事案に応じた
　具体的なあっせん案の提示
などを行う

紛争当事者双方が
あっせん案を受諾

その他の合意の成立

合意せず

不参加

紛争の迅速な解決

打ち切り

労働局が行うもの
申請人などが行う、または判断するもの

他の紛争解決機関の説明・紹介

[注1] 必要に応じて申請人から事情聴取などを行い、紛争に関する事実関係を明確にした上で、都
　　　道府県労働局長が紛争調整委員会にあっせんを委任するか否かを決定します。
[注2] あっせん開始の通知を受けた一方の当事者が、あっせんの手続きに参加する意思がない旨を
　　　表明したときは、あっせんは実施せず、打ち切りになります。
資料出所：厚生労働省ウェブサイト「個別労働紛争解決制度（労働相談、助言・指導、あっせん）」
　　　　　を基に一部改変。

　あっせん期日（あっせんが行われる日）は、2022年現在は、原則1回で終了するという運用になっています。また、当事者の出席は義務ではなく任意であり、出席を強制させる制度は設けられていません。

　あっせんの中であっせん案が提示されますが、それに対して当事者双方が合意をした場合、そのあっせん案は民法上の和解契約として扱われることになるため、あっせん案の内容どおりの権利義務関係が形成され、会社と従業員の紛争は終結することになります。

　厚生労働省が公表している「個別労働紛争解決制度の施行状況」によると、あっせんの申請件数は2011年度の6510件から減少傾向にあり、2021年度は3760件と2011年度以降で最少件数となっています［図表2-3］。一方で、労働局および労働基準監督署の総合労働相談に寄せられた相談件数を見ると、自己都合退職については、2011年度が2万5966件であったのに対して、2021年度は4万501件と、相談自体は増加しています。また、自己都合退職を理由とするあっせんの申請件数は、2011年度の182件に対し、2021年度は153件と、件数に大きな違いはありませんが、あっせんの全申請件数に占める割合は増加しています（2.7%→3.8%）。そのため、退職トラブルについてのあっせん件数は、2022年

図表 2-3　紛争調整委員会によるあっせんの申請件数の推移

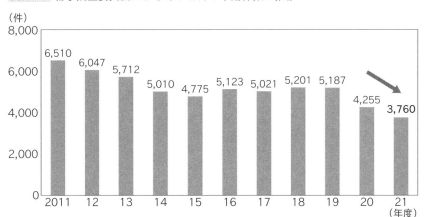

資料出所：厚生労働省「個別労働紛争解決制度の施行状況」

度以降もそれなりの水準で推移することになると想定されます。

（2）あっせん開始の通知がなされた場合の対応

　従業員の申請に基づき、あっせんの開始が決定された場合には、紛争調整委員会からあっせん開始通知書が届くことになります。

　前述のとおり、あっせんでは当事者の出席が任意であるため、あっせん開始通知書の記載内容を検討の上、会社として出席をしないという対応を取ることは可能です。

　しかしながら、あっせんが申し立てられているということは、当事者同士での話し合いで紛争を円満に解決することが不可能であったことを意味するため、従業員が申請したあっせんに会社が出席しなければ、当該従業員との紛争を解決することができないばかりか、労働審判や通常訴訟などの紛争解決手続きに移行する可能性が高い状況となります。つまり、会社があっせんに出席しないという対応を取ることは、紛争を放置しているに等しいといえます。

　また、以下は2015年の数値ですが、あっせんでの解決となった場合の解決金の中央値は15万6400円であり、労働審判の110万円、通常訴訟における裁判上の和解の230万1357円と比較して、極めて低額な水準となっています[4]。

　労働局のあっせんは、合意が成立しなければ、労働審判における審判や通常訴訟における判決のように紛争調整委員会の判断が示されることはないため、その場合にはあっせんにかけた労力が無駄に終わる可能性もありますが、手続きに出席することで、より低額な金銭の支払いで解決できる可能性があるという点で、会社側にもメリットがあります。したがって、あっせん開始通知書が届いた場合に会社が取るべき対応としては、まずは、あっせんに出席することが肝要です。なお、あっせんに

4　労働政策研究・研修機構「労働局あっせん、労働審判及び裁判上の和解における雇用紛争事案の比較分析」（労働政策研究報告書 No.174、2015年）44ページ。

おいて、基本的に金銭による方法以外で解決することは考え難いため、従業員の主張に対して、金銭解決で妥協できないときは、あっせんに出席しないという対応も選択の余地があります。

あっせんに出席する場合、会社は、紛争調整委員会に対して、意見を述べることになります。そのため、あっせん開始通知書に記載された従業員が主張する事実を確認し、従業員の主張に対する会社としての認識を、場合によっては関係者にヒアリングをした上で明確にし、従業員の退職が有効であるという立論を行い、会社の意見として書面で提出することになります。

あっせんは、労働審判等の裁判手続きと異なり、当事者の主張および証拠から権利関係についての心証形成（証拠や疎明資料[5]の証明力に評価を加え、自己の判断をつくり上げていく過程のこと）を行う手続きではないため、裁判手続きのように、会社があらゆる証拠を提出して、退職の有効性を立証することまでは求められていません。また、従業員・会社双方とも、通常、代理人を選任する例は少ないようですが、あっせん委員に許可を取れば、弁護士や特定社会保険労務士を代理人に選任することが可能ですので、その場合には、速やかに相談するとよいでしょう。

(3) あっせん期日に向けた対応

あっせん期日には、あっせん委員から、それぞれの主張や事実関係などについての質問がなされることになります。そのため、あっせんに出席する担当者は、あっせん委員からの質問に答えられるように、しっかりと事情を把握した上で事前に質問を想定し、また、必要な資料の収集などの準備をすることが肝要です。

また、あっせんは原則1回の期日で終了するため、あっせん案への対応（受諾・拒否の判断等）も期日の最中に行うことになります。そのた

---

5 裁判所（官）に一応"確からしい"と推測させるための説明資料。

め、合意できる金銭の上限や、口外禁止条項等の合意内容としたい条項を事前に検討し、あっせん期日に臨む必要があります。また、不測の事態に備え、少なくとも決裁権者にすぐ連絡が取れる体制は整えておくべきでしょう。

（4）あっせん終了後の対応

　あっせん期日に提示されたあっせん案を受け入れる場合、会社としては、あっせん案に定められた義務（期日までに金銭を支払う等）を履行すれば足ります。あっせんにおいて、紛争を解決するための紛争調整委員会の判断が示されるわけではないため、あっせん案に納得できず、これを受諾しない場合には、あっせんが打ち切られ、終了することになります。

　あっせん案の合意に至らなかった場合、従業員がそのまま他の紛争解決手続きを取らずに諦めるという選択をする可能性は低いため、あっせんの終了後は、労働審判や通常訴訟などの手続きに移行することが想定されます。そのため、会社としては、これを前提に準備していく必要があります。なお、労働審判が申し立てられた場合、会社側が対応する時間は非常に限られているため、あっせんが打ち切られた段階で準備できれば、比較的余裕をもって労働審判に臨めるといえます。

［2］労働審判の場合
（1）制度の概要

　労働審判とは、労働審判法に規定されている手続きであり、

①地方裁判所に設置される裁判官1名と労働関係専門家2名からなる労働審判委員会が

②原則3回以内の期日で

③権利関係を踏まえつつも事案の実情に即した解決のための審判を下し

④当事者が異議を申し立てれば通常訴訟に移行する

⑤個別労働関係民事紛争に関する非訟事件手続[6]

のことを指します（荒木尚志『労働法　第4版』［有斐閣］604ページ）。労働審判委員会を構成する労働関係の専門家は、実務上、労働者側と使用者側の委員が1名ずつ指名されることになっています。

労働審判は、紛争の実情に即した迅速、適正かつ実効的な解決を図ることが目的となっているため（同法1条）、その観点から制度が構築されています。そのため、会社としては、労働審判の目的を意識して、迅速、適正かつ実効的な解決が図れるような対応が求められます。

また、労働審判の処理件数は、最高裁判所の司法統計によると、2021年度で3609件（うち退職トラブルと考えられる地位確認が1751件）であり、2011年度の3586件（同1747件）と比べると、若干ながら件数が増加しています。労働審判の申し立て数は年度により減少することもありますが、おおむね3500〜4000件の範囲で推移しているため、少なくとも、近い将来において労働審判の件数が大きく減少することはないと考えられます。

労働審判の進行として、まずは、双方の主張から争点整理、証拠調べをした後、双方に対する審尋（当事者その他利害関係人に意見を陳述する機会を与えることを指します。ここでは、審判官や審判員と当事者との質疑応答のようなものをイメージしていただければ足ります）を行います。そして、審尋が終了した段階で、労働審判委員会で心証を形成し、調停手続きに入ることになります。調停手続きを経て、解決に至らなかった場合には、審判（ここでいう「審判」は手続きではなく、労働審判委員会の判断が示されるもので、訴訟でいう判決に類するものです）が下

6　非訟事件とは、当事者間で争いとなっている既存の実体法上の権利・義務の存否、態様を確定することを目的とするものではない事件であって、国が民事法上の生活関係を後見的見地から助成し、または監督するため、新たに当事者間に合理的な民事法律関係を形成するような事件をいいます（最高裁大法廷　昭41.12.27決定　入江俊郎判事反対意見参照）。

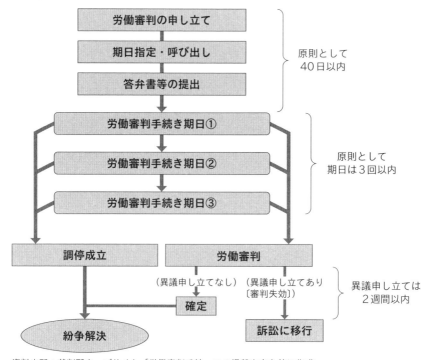

図表 2-4 労働審判手続きの流れ（全体像）

```
        ┌──────────────────────┐  ┐
        │   労働審判の申し立て    │  │
        └──────────────────────┘  │
        ┌──────────────────────┐  │  原則として
        │   期日指定・呼び出し    │  │  40日以内
        └──────────────────────┘  │
        ┌──────────────────────┐  │
        │   答弁書等の提出        │  │
        └──────────────────────┘  ┘

        ┌──────────────────────┐  ┐
        │  労働審判手続き期日①    │  │
        └──────────────────────┘  │
        ┌──────────────────────┐  │  原則として
        │  労働審判手続き期日②    │  │  期日は3回以内
        └──────────────────────┘  │
        ┌──────────────────────┐  │
        │  労働審判手続き期日③    │  │
        └──────────────────────┘  ┘

   ┌──────────┐      ┌──────────┐
   │  調停成立  │      │  労働審判  │
   └──────────┘      └──────────┘
                  （異議申し立てなし）（異議申し立てあり
                                      〔審判失効〕）     ┐ 異議申し立ては
                        ┌──────┐                      ┘ 2週間以内
                        │ 確定 │
                        └──────┘         ┌──────────┐
                                          │ 訴訟に移行 │
   ┌──────────┐                          └──────────┘
   │  紛争解決  │
   └──────────┘
```

資料出所：裁判所ウェブサイト「労働審判手続」での掲載内容を基に作成。

されることとなります［図表 2-4］。

（2）労働審判を申し立てられた場合の対応

　労働審判は、（1）②のとおり、原則3回以内の期日で終了することになります。さらに、主張および証拠の提出は、原則的に第2回期日が終了するまでに終えなければならないと規定されていますが（労働審判規則27条）、労働審判は一括提出主義がとられていることもあり、実務においては、基本的に第1回期日ですべての主張・立証を行うことが想定されています。そのため、第1回期日までの主張・立証準備が非常に重要かつ（準備に費やせる時間が十分にないため）喫緊の課題となります。

　具体的に説明すると、申し立てがされた日から40日以内に第1回期日

図表 2-5 申し立てに対する答弁書の提出期限と準備期間

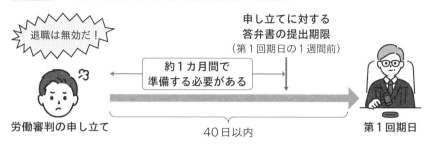

を指定されることになり（同規則 13 条）、会社側の答弁書の提出期限は第 1 回期日の 1 週間前に設定されるのが通常の運用となっているため、申し立てから答弁書提出までは、約 1 カ月間ということになります［**図表 2-5**］。そのため、会社としては、労働審判を申し立てられた場合、申立書に記載された従業員の主張を確認し、それに対する会社の認識を、場合によっては関係者にヒアリングをした上で確認し、会社に保存されている資料の中から関連するものを選別し、従業員の請求を棄却できるような立論を行うことになるのですが、これをわずか 1 カ月程度で終わらせる必要があるわけです。

　つまり、従業員は、基本的に自ら時期を選択して申し立てることができ[7]、申し立てまでに十分な準備を行うことが可能であるのに対して、会社は事前の準備期間がほとんど確保できないことになります。退職トラブルとなる場合には、従業員と会社は、退職に際して事前に交渉や話し合いを行っていることが通常ですので、その場合は会社としても労働審判を想定した準備をすることが可能ですが、従業員からの事前の交渉もなく、いきなり申し立てられることも少なくありません。しかし、約 1 カ月しかないからといって、準備不足により充実した主張・立証ができなければ、労働審判委員会の心証は良いものとはならないでしょうし、

7　例えば、退職の無効と同時に未払い賃金請求をする場合などに、時効との兼ね合いで提訴期限が定まることはあります。

期日が原則3回と決められているため、追って詳細な主張を行うことも現実的ではありません。したがって、会社には、労働審判に対して、時間的余裕が全くない中で、充実した主張・立証を行わなければならないという難題が課されることになります。

　労働審判では調停により話し合いでの解決が試みられるといっても、基礎にあるのは法的問題ですので、会社に有利な調停を成立させる、または審判を受けるためには、法律の専門家たる弁護士を代理人に選任することが有効です[8]。そのため、労働審判の申立書を受け取ったら、一日でも早く、弁護士（顧問弁護士がいる場合には顧問弁護士、いない場合には労働事件に精通している弁護士がよいでしょう）にアポイントを取り、相談することが重要です。なお、弁護士の立場としては、事実関係についての経緯や関係資料が整理されていなくてもよいので、一刻も早く、とにかく労働審判申立書を確認したいと考える弁護士が多いでしょう。

（3）労働審判の期日に向けた対応

　労働審判では、「争点整理→証拠調べ→審尋→調停」の順で手続きが進んでいくことになります。

　そして、代理人を選任した場合であっても、期日には、代理人のみならず、会社の代表者（個人事業主である場合は、その個人）や人事担当者、あるいは職場の上長が労働審判に出席し、労働審判委員会から直接質問がなされることになります。

　そのため、労働審判の期日に向けては、事前に労働審判委員会からの質問を想定し、回答を準備する必要があります。職業裁判官はもちろんのこと、労働審判員も労使関係の専門家ですので、当事者にとって不利な事実については、かなりの確率で指摘されます。したがって、特に、

8　2020年の統計では、使用者側に弁護士代理人が就任している割合は全体の約87％（一般的に使用者は相手方になることが多いため、相手方のみ弁護士代理人が就任している割合も加算しています）と、非常に多くなっています（日本弁護士連合会「弁護士白書　2021年版」122ページ参照）。

不利な事実を聞かれた際に回答に窮することのないように、想定問答集を作成するなどして入念に回答を準備することが欠かせません。

　また、退職トラブルが労働審判に発展したケースでは、労働審判が申し立てられている時点で会社と従業員との間の信頼関係はもはや毀損されており、修復困難な状態であることがほとんどです。そのため、退職の有効・無効が明らかであるなど、特別の事情がない限り、"退職とした上で会社が従業員に一定の解決金を支払う"という方向での解決が検討されることが多いといえます。したがって、会社としては、このような解決がなされる可能性が高いことを念頭に置く必要があり、どの程度の金額であれば支払いが可能かについて、方針を立てておくことが望ましいでしょう。

　実際に、期日では従業員が金額について納得したにもかかわらず、会社側がその金額での決裁を得ていなかったばかりに、次回期日までに従業員が心変わりし、合意が成立しなかった例もあるので、可能な限り合意できる金額を明確にしておき、その場で調停を成立させられるような態勢で臨むことが最適です。また、通常は、会社側が口外禁止や誹謗中傷禁止を従業員に求める例が多いため、このような条項を求めるかどうかも検討しておく必要があるでしょう。

（4）労働審判後の対応

　労働審判手続きにおいて、会社と従業員の合意が成立しなければ、労働審判委員会から審判が下されることになります。審判の内容を受け入れられない場合には、審判書の送達を受けた日、または、口頭で告知を受けた日から２週間以内に、裁判所に異議を申し立てる必要があり（労働審判法21条１項）、異議が申し立てられると通常訴訟に移行します（同法22条１項）。一方、異議が申し立てられない場合は審判が確定し、裁判上の和解と同一の効力を有することになります。具体的には、判決に示された事項の権利義務が形成され、それが金銭の支払い等の内容のときは強制執行が可能となったり、審判で確定したことが別の裁判で争え

なくなったりします。

　したがって、審判が下された場合、会社はその内容を十分に確認し、2週間以内に「異議を申し立てるか」「審判を受け入れるか」の判断を行わなければなりません。

　この判断については、労働審判の過程で既に検討していることが想定されますが、より厳密に、訴訟となった場合に会社に有利な判決が出される可能性はどの程度あるのか、有利な判決が得られる可能性がそれなりにあったとしても、非公開の労働審判から通常訴訟に移行することで機密資料や紛争の経緯が公開されてしまうことによる弊害がどの程度あるのか——などを検討する必要があります。

[3] 通常訴訟の場合
(1) 制度の概要
　退職トラブルは、会社と従業員の間の労働契約という法律関係の存否に関する紛争であるため、当然、通常訴訟での審理を求めることが可能です。また、[2] で説明したように、労働審判で下された審判に対して、当事者が異議を申し立てた場合にも通常訴訟での審理が行われることになります。通常訴訟では、当事者双方が、それぞれが主張する法律構成

図表 2-6 通常訴訟における主張・立証のイメージ

従業員側	会社側
主張 違法な退職勧奨を受けたから退職は無効だ！	**主張** 退職勧奨は適法で、退職は有効である
法律構成 ○○法△条より退職は無効となる	**法律構成** ○○法△条に該当しないため、退職は無効とならない
事実の立証／反証 毎日つけていた日記（証拠）によると、○○部長は△月×日の面談において「…」と発言していた	**事実の立証／反証** 実際の面談の記録（証拠）を見ると、○○部長に△月×日の面談で、「…」という発言はなかった

従業員側

会社側

の中で、自らが立証責任を負う事実の立証、および、相手方が立証責任を負う事実に対する反証を目的に、それぞれ主張・立証を尽くすことになります［**図表 2-6**］。そして、双方の十分な主張・立証がなされた後、それぞれが提出した証拠を基に、裁判所がそれぞれの主張に対する判断を示す（判決を出す）ことになります［**図表 2-7**］。

　通常訴訟は、このように最終的に判決を目指す手続きですが、裁判所はいつでも和解を試みることができますので（民事訴訟法 89 条）、適宜のタイミングで裁判所から和解の勧試がなされ、協議に入ることが通常です。

　労働審判は原則 3 回以内の期日で終了するため、迅速な解決が期待できますが、通常訴訟については、期日の制限がなく、また、より真実に近くなるように厳格な主張・立証がなされることから、審理期間はそれ

図表 2-7　民事裁判における通常訴訟の流れ

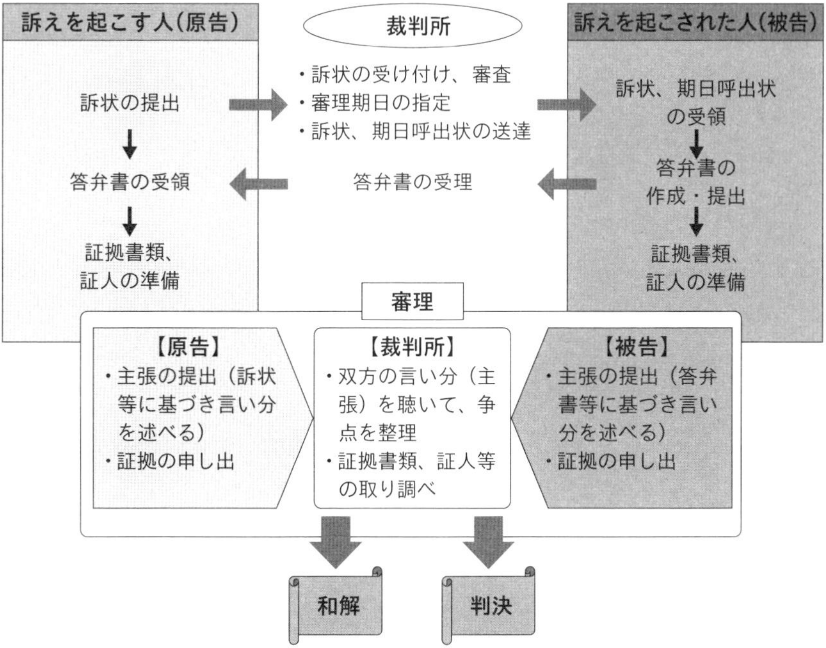

資料出所：裁判所ウェブサイト「民事訴訟」での掲載内容を基に一部改変。

なりに長期間となる傾向があります。実際、2020年度の平均審理期間は15.9カ月と1年を超えています[9]。

最高裁判所の司法統計によると、労働事件の新受件数は2011年度からほぼ右肩上がりで推移しており、2020年度で過去最高の3960件となっています。そのため、今後も通常訴訟の件数は高水準で推移していくことが想定されます。

(2) 訴訟を提起された場合の対応

労働審判を経ずに訴訟を提起された場合と、労働審判への異議申し立てにより通常訴訟に移行した場合に共通する対応としては、公開の法廷で審理されることを念頭に置いて立証計画を策定することです。

通常訴訟は、労働審判と異なり、手続きが公開されるため、訴訟資料は誰であっても閲覧可能となってしまいます（民事訴訟法91条1項）。そのため、会社の機密資料を証拠として用いる場合には、それがそのまま不特定多数の人物に知られてしまう可能性がありますので、会社としては、自己に有利な資料について、公開してもよい資料なのか、それを公開しない場合に立証したい事実を立証できるのか等を検討した上で、立証計画を立てる必要があります。

さらに、通常訴訟となると証人尋問がなされる可能性が高いため、証人を選定し、事前に証人尋問への協力を要請しておくことも必要です。

なお、労働審判を経ず、いきなり訴訟を提起された場合であっても、会社が取るべき対応としては、従業員の主張を確認し、それに対する認識を、場合によっては関係者にヒアリングをした上で明確にし、会社に保存されている資料の中から関連するものを選別し、従業員の請求を棄却できるような立論を行うという点で、労働審判が申し立てられた場合と基本的には同様です。

もっとも、労働審判に比べれば、時間的な制約は厳しくないですが、

9　最高裁判所事務総局「裁判の迅速化に係る検証に関する報告書」（第9回）98ページ。

通常訴訟の場合でも、弁護士を代理人に選任する場合には速やかに依頼することが肝要です。

(3) 訴訟中の対応

　通常訴訟では、裁判所から適宜和解の試みがなされること（和解の勧試）が通常であるため、会社としては、勝訴を目指して主張・立証活動を行うことと並行して、いずれかの段階で裁判所より和解の試みがなされることを前提に、和解が可能か、また可能な場合にどのような条件であれば許容できるのかを検討していくことが、早期解決のためには有効です。具体的には、退職トラブルにおいては、退職の事実を確認し、いくらかの金銭を支払うことで解決となることが一般的ですので、和解となった場合に支払い可能な金額についても、検討することになります。

　また、通常訴訟では、期日のたびに両者の主張・立証がなされるため、裁判所も期日が重なるにつれて、心証がより形成されることになります。もちろん和解の勧試においても、それは反映され、裁判所が有利な心証を持っている当事者のほうに有利な形での和解案が出されることになりますので、勝訴に向けた主張・立証は、裁判所から有利な和解案を提示してもらうためにも有用です。また、当初受け入れられないような内容であったとしても、和解案等で示される裁判所の心証に応じて、柔軟に和解を検討する必要があります。

　なお、訴訟では基本的に両者が書面により主張・反論をしていくことになりますので、労働審判の審尋に比べて、裁判官の質問に対する回答などを準備していく必要性はさほど高くありません（回答が難しい質問であれば、次回までに書面で回答するといった形をとる場合も多くあります）。

（4）判決後の対応

　通常訴訟で和解が成立せず、判決が出されたときには、不服がある当事者は判決書の送達を受けた日から2週間以内に控訴することができます（民事訴訟法285条）。なお、2週間以内に控訴しない場合は、当該判決が確定することになります（同法116条1項）。

［4］仮処分の場合

（1）制度の概要

　労働者は通常、一つの会社から得る賃金のみによって生活を営んでいるため、退職トラブルが生じた場合、労働者は失業により生活に必要な収入が断たれることが多いでしょう。失業した労働者に十分な貯蓄がある場合や、家族にその労働者や扶養家族が生活できるだけの収入がある場合は別ですが、そのような状況にない場合は、訴訟期間中に、その労働者や扶養家族の生活が成り立たなくなってしまいます。このような状況を回避するため、簡易かつ迅速な手続きによって、賃金の仮払いなどの暫定的な判断を行う「仮処分」という手続きがあります **[図表 2-8]**。

　仮処分では、「被保全権利」と「保全の必要性」についての疎明（裁判所に"確からしい"と推測させるための説明等）が必要です（民事保全法13条1、2項）。この被保全権利とは、保全すべき権利または権利関係（賃金の仮払いであれば賃金債権）のことを指し、保全の必要性とは、労

図表 2-8　仮処分の意義

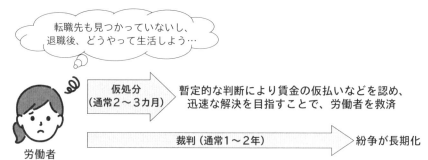

48

働者に生じる著しい損害または急迫の危険を避ける必要性（同法23条2項）をいいます。なお、厳格な主張・立証が求められる通常訴訟と異なり、仮処分では、一応確からしいという心証を与える疎明で足ります。

こうした要件等の違いから、通常訴訟であれば平均1年以上を要するところ、仮処分では2～3カ月程度で結果が出ることが一般的です。このように、仮処分は労働審判と同様に迅速な解決が期待できる手続きではありますが、労働審判と比べて、仮処分では保全の必要性という要件が加重されています。そのため、労働者が早急な収入の確保を望んでいるような状況で、あえて労働審判ではなく仮処分を選択するのは、一見合理性がないように思われます。

しかし、話し合いによる合意によって紛争解決を目指す労働審判では、[2] のとおり、一般的に、退職とした上で会社が労働者に一定の解決金を支払う——という方向での解決が検討されることが多くなるので、復職を希望する労働者にとっては、希望に沿った解決にはなりません。他方、仮処分であれば、法的な主張・立証がなされていれば、労働契約上の地位を有することが暫定的に定められることになりますので、復職を希望する労働者であって、かつ保全の必要性が認められるような状況であれば、こちらのほうが有利になる可能性があります（ただし、労働者に就労請求権はないため、復職することについての保全の必要性は否定されがちです）。したがって、仮処分を申し立てた労働者は、金銭解決ではなく復職を希望している可能性が高いと考えられるため、会社としては、そのことを念頭に置いて対処する必要があります。

（2）仮処分が申し立てられた場合の対応

仮処分が申し立てられた場合の対応は、基本的には労働審判および通常訴訟の際と同様です。

すなわち、申し立てがなされたら、会社は、労働者の主張を確認し、それに対する会社の認識を、場合によっては関係者にヒアリングをした上で確認し、会社に保存されている資料の中から関連するものを選別し、

労働者の請求を却下できるような立論を行うことになり、弁護士を代理人として選任する場合には、速やかに依頼することが必要です。

（3）仮処分中の対応

　仮処分は審尋がなされる手続きであるため、労働審判と同様、裁判官からの質問を想定し、事前に回答を準備することが肝要です。また、仮処分の手続きであっても、和解の勧試がなされることが通常であるため、和解が可能か、また可能な場合にどのような条件であれば許容できるかを検討する必要があります。

（4）仮処分命令後の対応

　仮処分命令が出された場合、会社がそれに不服を申し立てる手段として、保全異議（民事保全法26条）と保全取り消し（同法37〜39条）があります［図表2-9］。なお、これらの手続きに期間制限はありません。

　これらの手続きがなされ、裁判所の判断に不服があるときは、その送達を受けた日から2週間以内に保全抗告をすることができます（同法41条）。保全抗告をすることにより、上級裁判所で保全命令が相当か否かが判断されることになりますが、この保全抗告の決定に対しては、原則として不服を申し立てることはできません［図表2-10］。

図表2-9 保全異議と保全取り消し

保全異議とは…	保全取り消しとは…
• 仮処分命令で労働者が主張する「権利関係」または「保全の必要性」が誤っていると考える場合に行う不服申し立て手続きのこと • 労働者からの仮処分の申し立てにより発せられた仮処分命令に対して不服がある場合には、基本的に「保全異議」を行うことになる	• 主に、仮処分命令後に事情が変わったことにより、労働者が主張する「権利関係」や「保全の必要性」が消滅した場合になされるもの （例）仮処分命令の発令により復職したが定年に達した場合など

図表 2-10 仮処分命令から保全抗告までの流れ

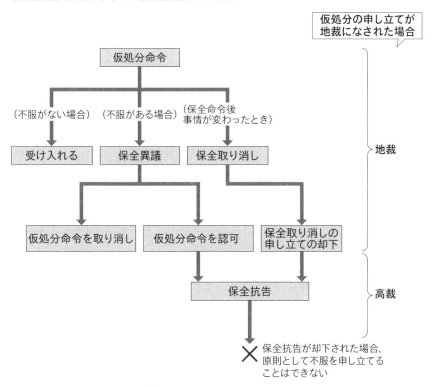

保全抗告が却下された場合、
原則として不服を申し立てる
ことはできない

第3章

トラブルを減らすために日頃からできること

1 退職トラブルを減らすための対応方針

[1] 退職トラブルはなぜ発生するのか

　「退職」とは、広義では会社と従業員との労働契約を終了させること一般を指しますが、通常は、①従業員側の一方的な意思表示（辞職）、または②会社と従業員との合意（合意退職）により労働契約を終了させることを意味します（広義の「退職」とは違い、解雇等を含みません）。

　労働契約関係が終了する際、従業員が（転職や起業により）ほかに収入を得る機会を確保していない場合には、収入源が断たれることになるので、それ自体、紛争（トラブル）の種を含んでいるものといえます。ただ、通常の意味での退職（上記①②によるもの）は、それ以外の労働契約関係の終了（主に解雇）とは異なり、従業員の意思により"労働契約関係の終了"という法律上の効果（以下、法律効果）を生じさせるものであることから、本来的には紛争関係が生じにくいといえます。

　しかし、退職自体について、従業員側による意思表示の瑕疵（退職の意思を伝えるまでの過程で何らかの問題がある場合など）や、会社との合意が有効に成立していたか否かが問題になることもあります **[図表3-1]**。また、残業代の未払いや安全配慮義務違反の有無、競業避止義務など、その他の法律関係については、労働契約関係が終了したからといって当然に解決されるものではありません。

図表 3-1　意思表示の瑕疵や合意の有無が問題となるケース

意思表示の瑕疵

このままだと懲戒解雇になるよ。分かるよね？

解雇になる前に退職するか…

実際には、**懲戒解雇になるような事由がなかった**場合、退職が無効になる可能性もある

合意の有無

1カ月後に退職したいのですが

本当は辞めてほしくないけれど、承認するか…

承認した後、退職日の少し前になって、**「やっぱり退職を撤回したい」と申し出てきた**場合、退職の合意が有効に成立していたかどうかが問題に

[2] 二つの対応方針

　このような退職に関するさまざまなトラブルを減らす方法は、決して一様ではありませんが、大きくは制度面での対応と運用面での対応に分けられます [図表3-2]。

　このうち、制度面については、会社と従業員との間の労働契約関係を規律するものとして重要なのが就業規則です。賃金や退職、懲戒処分に関する事項等は就業規則の必要的記載事項であり（労基法89条）、記載がない場合には、会社と従業員との間の合意によることになります（合意には、書面や口頭による明示のもののほか、黙示のものもあります）。ただし、この合意については、必ずしも当事者間（会社と従業員）の意思・意見が一致することばかりではありません。また、裁判例を見ると、従業員に不利益な法律効果が認められるためには、明示の根拠が求められることも多いのが実情です。そのため、書面上の根拠として就業規則や契約書、合意書を整備することが非常に重要となります。

　次に、運用面については、経営者や現場の管理職など、指揮命令者として従業員に接する人が適切な労務管理を心掛けることが大切です。万が一、その労務管理に未払い残業代や安全配慮義務違反等の問題があった場合には、従業員が退職前から有していた法的請求権が退職とともに顕在化する可能性がありますので、これを防ぐことが必要です（その意味では、退職者に限った問題ではなく、従業員全般に対する労務施策の問題ともいえます）。もっとも、退職者固有の運用の問題（退職者に対す

図表3-2　退職トラブルへの対応方針

制度面での対応	運用面での対応
就業規則等の規程、 労働契約の整備	制度の運用 ＋ 退職に関する問題・紛争が生じた際の対応 日常の従業員のマネジメント

る退職受理書の交付など）も存在することには、留意しておく必要があります。

2 制度面での対応（就業規則等の整備）

[1] 対応の概要

退職トラブルへの対応とトラブルを減少させるための方策として、まずは制度面の対応について見ていきましょう。制度面の対応としては、就業規則等の諸規程の整備が中心となりますが、これにより対処すべき（できる）トラブルとして、実務上よく見られる主なものを挙げると、以下のとおりです。

---

⑦退職の意思表示の方法

④音信不通社員（蒸発社員）への対応

⑦退職者に対する費用返還請求（留学費用、資格取得費用）

⑤退職申し出者に対する賞与の支払い

⑦在職中に不正行為を行った者に対する退職金の不支給・減額

⑦退職後に在職中の不正が発覚した者に対する退職金の返還請求

⑤退職後の競業避止義務に違反した者への対応（競業行為の差し止め、退職金の返還請求）

これらは、就業規則等が整備されていれば、一定の割合でトラブルを避けることができる、あるいは会社に有利に解決することができる半面、整備されていなければこれが難しくなる点で、就業規則等を整備しているか否かの差が明瞭に見えるところです。無論、就業規則等を整備してさえいれば、常に会社側が想定するようなトラブルの解決ができるというわけではありません。特に、⑦不正が発覚した者への退職金の返還請求には多くの限界が見られ、④⑦⑤⑦などにも一定の限界はありますが、会社側が想定するトラブル解決の可能性を残すという意味で、むしろ、就業規則等の整備が必須の領域といえます。

以下では、上記⑦〜⑤に関するトラブル例への望ましい対応方法を簡

単に説明していきます（具体的な事案に対する法理〔法令、裁判例〕の考え方と実務対応については、第4章、第6章のQ&A参照）。

[2] 実務上よく見られる退職トラブルへの対応

(1) ㋐退職の意思表示の方法

就業規則の中には、退職の意思表示の方法について、「退職届により、退職を申し出ること」といった規定を設けている例が見られます。

ですが、こうした規定がある場合、口頭で退職を申し出てきた従業員について、会社としてはそれを了承して退職が確定したと思っていたら、その従業員が「就業規則には退職の申し出は退職届によると書いてあるので、まだ私は正式な退職の申し出をしていません。よって退職は無効です」といった主張をしてくる余地が出てきます。ですから、就業規則では、退職の申し出の方法を特定するのではなく、運用として、退職届やメール等の形に残る方法によることを求める、という方策が望ましいと思われます。

> **＜参考＞実際の紛争では…**
>
> 実際に、筆者は労働審判で労働者がこうした主張をし、労働審判員の一人（労働側）もそれに賛同したという事態に遭遇したことがあります。この点は、近時の裁判例である医療法人A病院事件（札幌高裁　令4.3.8判決）において、"書面によらなくても退職の申し出は有効である"との判断が出されていますが、労働者側の退職意思を慎重に判断する方向への要素になりかねないことを考慮すると、あえてトラブルの種を残すような方法を取ることもないと思われます。

(2) ㋑音信不通社員（蒸発社員）への対応

従業員がいきなり会社に来なくなり、連絡を取っても返答がなく、さらには会社に申告した住所に住んでいる気配もなくなっているといった

ケースがあります。ほとんどの会社では、こうした連絡なき欠勤が一定日数に達すれば解雇事由になりますが、解雇をするにも会社から音信不通社員に解雇の意思表示を届けなければなりません。ですが、申告した住所にいない場合、口頭でも書面でもそれを届けることができないという事態が生じます。

このような場合、厳密に法的対応を取るのであれば、簡易裁判所において意思表示の公示送達（民法 98 条 4 項）の申し立てを行うこととなります［図表 3-3］。しかし、公示送達の手続きはいささか面倒でもあるため、会社としてはこれを避けるべく、近年では、就業規則等に「従業員が欠勤を続け、連絡がつかないまま○○日に達したときは、退職したものと見なす」といった自然退職の規定（自動退職条項）を設けるところが増えており、実際の運用例も出てきています。

図表 3-3　意思表示の公示送達の手続き

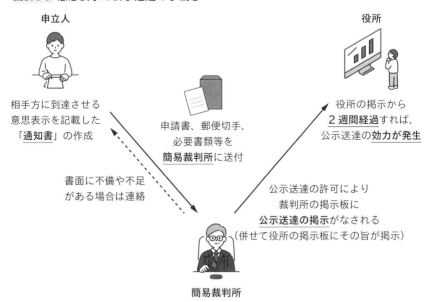

申立人

相手方に到達させる
意思表示を記載した
「**通知書**」の作成

申請書、郵便切手、
必要書類等を
簡易裁判所に送付

書面に不備や不足
がある場合は連絡

役所

役所の掲示から
2 週間経過すれば、
公示送達の**効力が発生**

公示送達の許可により
裁判所の掲示板に
公示送達の掲示がなされる
（併せて役所の掲示板にその旨が掲示）

簡易裁判所

資料出所：裁判所ウェブサイト「意思表示の公示送達の申立てをされる方へ」を基に作成。
［注］手続きの詳細は下記サイトを参照。
　　　https://www.courts.go.jp/tokyo-s/saiban/l3/Vcms3_00000347.html

ただし、この規定は、欠勤者の合意なり意思確認なりを経ないで、その退職効果を見なしてしまうという点で、法的には問題を含むものですので、規定を設けたからといって即有効と過信するのは危険です。この自然退職条項をもって想定の法律効果（音信不通社員の退職）を有効に生じさせるためには、会社側も、ある程度、運用面での努力を重ねる必要があります（第4章 Q6 参照）。裁判例でも、会社側の努力を不十分として、退職扱いの効果を無効とするケース（O・S・I事件　東京地裁　令2.2.4判決）がありますので、注意が必要です。

(3) ⑦退職者に対する費用返還請求（留学費用、資格取得費用）

　在職中の従業員が留学や資格取得をするための費用（以下、留学費用等）を、会社が負担するケースがあります。このような形で留学費用等を負担した従業員が早期に退職する場合、会社としては従業員に返還を請求し、育成にかけてきた費用を取り戻したいと考えるのが自然です。しかし、この返還請求が退職の制約と見なされ、従業員の転職の自由、ひいては職業選択の自由（憲法22条1項）を侵害していると判断される恐れがある以上、何らの労働契約上の根拠なくして費用を取り戻すのは困難です。

　そのため、会社としては、従業員が退職した場合には留学費用等を返還する必要がある旨を、あらかじめ労働契約上（具体的には就業規則上）に規定したいところでしょう。ただし、労基法16条では「使用者は、労働契約の不履行について違約金を定め、又は損害賠償額を予定する契約をしてはならない」とされていることから、退職者に留学費用等を返還してもらうためには、同条に抵触しないような法形式とする必要があります。簡単に言えば、同条は会社と従業員間の金銭貸借までは禁止していないので、留学費用等を会社が従業員に貸与した上で、一定期間の在籍を条件として貸与した金額の返還を免除する合意に基づき、一定期間在籍しなかった従業員に対して金銭返還請求を行うという方式を取ることが妥当です [図表 3-4]。実際に、このような方式の下で留学費用の

図表3-4　金銭貸借形式による留学費用等の補助

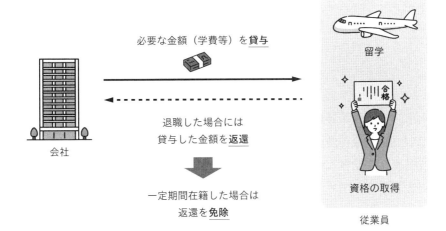

必要な金額（学費等）を**貸与**

留学

会社

退職した場合には
貸与した金額を**返還**

一定期間在籍した場合は
返還を**免除**

資格の取得

従業員

費用の実質（業務命令により留学先が特定されていたか否か）、
貸与金の免除に必要な在籍期間の長さなどにより、
返還請求の有効性や範囲が変わる点に留意が必要

返還請求を認めた裁判例（長谷工コーポレーション事件　東京地裁　平9.5.26判決）もあります。

　ただし、このような金銭貸借の形式を取っていれば、常に会社の想定する費用全額の返還請求が可能になるわけではなく、費用の実質（業務命令により留学先が特定されていたか否か）や貸与金の免除に必要な在籍期間の長さといった諸要素により、その有効性・返還請求できる費用の範囲は変わってきますので、留意が必要です（第4章Q15参照）。

（4）⑤退職申し出者に対する賞与の支払い

　退職者に限らず、従業員が賞与を請求できることになる時点については、就業規則等における賞与の算定基準・方法の規定により支給額が算定可能となった時点と解されています。換言すれば、その時点に至った後であれば、原則として退職者に賞与を支給する必要があります。

　ただし、支給日に在籍する者のみに賞与を支給する条項（在籍条項）

を設けている場合、少なくとも自発的退職者との関係では有効と解されていますので（大和銀行事件　最高裁一小　昭57.10.7判決）、実務上、まずは在籍条項を設けておくことが一般的です。

　なお、従業員が"賞与の支給日以降に退職する"との申し出をした場合については、より複雑な問題となり得ます（第4章Q13参照）。

(5) ㋒在職中に不正行為を行った者に対する退職金の不支給・減額

　従業員の中には、業務命令違反や非協調的な行為を繰り返す、あるいは非違行為を行う（代表的な例としては、会社のお金の横領）といった事由により、懲戒解雇・諭旨解雇の処分を受けて労働契約関係を終了する者がいます。日本企業の大半は退職金制度を設けていますが、こうした懲戒解雇・諭旨解雇となった者に対して、会社としては退職金を支払いたくはない（少なくとも減額したい）というのが正直なところでしょうから、そうした不支給・減額が許されるのかが、問題となります。

　まず、退職金制度を設けるのであれば、それは就業規則の必要的記載事項となりますから（労基法89条3号の2）、就業規則等（就業規則から委任を受けた賃金規程または退職金規程を含む）の規定の内容により、その支給要件と効果（金額）が定まります。そのため、就業規則等には退職金の支給要件と金額のみが規定され、不支給・減額については何も規定されていないような場合、従業員側にかなり強く責められるべき事情がない限り、退職金の不支給・減額は難しいことになります。

　次に、就業規則等に退職金の不支給・減額の根拠規定がある場合でも、根拠規定に該当する事由があればそれだけで不支給・減額が認められるわけではなく、従業員のそれまでの勤続の功を抹消ないし減殺（げんさい）してしまうほどの著しく信義に反する行為があることが必要とされています。例えば、小田急電鉄（退職金請求）事件（東京高裁　平15.12.11判決）は、度重なる電車内での痴漢行為により懲戒解雇された者に対する退職金の不支給の可否が問題となった事案ですが、同判決は、懲戒解雇は相当としつつも、私生活上の行為であったことなどから、退職金の減額は7割

まで（3割は支払う必要あり）としています[1]。

このように、退職金の不支給・減額についての条項を就業規則等で設けていれば、それだけで会社の想定どおりになるというものではありませんが、そうした規定がない場合には、不支給・減額することがかなり困難になりますので、就業規則等の整備が実務上は必須といえます（第4章 Q19、付録6参照）。

(6) ⑰退職後に在職中の不正が発覚した者に対する退職金の返還請求

前述（5）⑦は、厳密にはいまだ退職していない"退職予定者"に不正行為が発覚した場合の問題でしたが、ここでは、退職の法律効果が生じた後に不正行為が発覚した場合に、既に退職者に支給していた退職金の返還請求ができるか、という問題について考えます。

まず、前提として、退職者の不正行為により会社が被った損害額について、損害賠償請求が可能であるということは、言うまでもありません。ただ、その損害額の算定および立証については、必ずしも容易ではないことが少なくありません。

また、会社としては、そもそも不正行為が退職前までに発覚していたら（懲戒解雇等により）退職金を支給していなかったであろう、という場合もあります。そこで、不正行為が発覚した場合に、既に支給した退職金の返還請求ができる方法はないか、ということが問題になるわけです。

結論から言えば、返還請求できるのは、退職者の側に、在職中の勤続の功を抹消ないし減殺してしまうほどの著しく信義に反する行為がある場合に限られることになります。考え方としては、まず、就業規則等の規程に、退職後に不正行為が発覚した場合の退職金の返還を根拠づける条項があれば、返還請求が形式的には可能です。ただし、実際には、返

---

1 なお、退職金全額の不支給を是認した例としては、日音（退職金）事件（東京地裁　平18.1.25判決）等があります。

還請求は「退職後に、遡及的に（賃金の後払い的な性格を含む）退職金が不支給であった場合と同様の効果を生じさせるもの」であることから、前述**（5）㋕**の在職中に不正が発覚した場合と同様に考えることになるわけです（具体的な判断の内容は、第6章Q4参照）。

（7）㋖退職後の競業避止義務に違反した者への対応
①退職後の競業避止義務を課すための形式的要件

　実務において、近時、相談が急増しているのが、「退職後の競業避止義務」に関する問題です。近年、徐々に終身雇用的慣行が希薄化し（もっとも、法的にはまだまだ終身雇用制を前提とした解雇法制が続いていますが）、転職者が増えましたが、従業員としては、それまで従事してきた業種、業務内容においてスキルと経験を積み重ねてきたからには、転職前と同種の業務を行う競合他社の職に就くことが有利であり、そのような転職先を希望するケースが多いでしょう。しかしながら、会社側としては、退職者が自社での就業を通じて得た技術や経験を用いて転職先で就業することはともかく、在職中に知り得た機密情報を転職先で用いて就業することは、自社の業務に大きな影響を与えかねず、無制限に競合他社への転職を認めるわけにはいかない、という現実があります。そこで、会社として、退職後の競業避止義務を"どのように""どこまで"課すことができるのかが問題になります。

　まず、退職者に競業避止義務を課すための形式的な要件を考えると、そもそも退職者は労働契約が終了しているため、労働契約を根拠として当然に労働契約上の付随的な義務としての競業避止義務を課すことはできません（在職中の従業員に対しては、労働契約上の付随的な義務として課すことができます）。

　そのため、原則としては、退職後の競業避止義務を課す明示の根拠が必要となります。この点、できれば退職時の誓約書や合意書等に記載することが望ましいですが、少なくとも就業規則の規定等で明確にしておくべきでしょう（モリクロ〔競業避止義務・仮処分〕事件　大阪地裁　平

21.10.23 決定等）。ただし、退職者の競業行為が、社会通念上自由競争の範囲を逸脱した違法な態様の場合には、明示の根拠がなくても例外的に損害賠償責任を負うことがあります（三佳テック事件　最高裁一小　平22.3.25 判決）。

②退職後の競業避止義務を課すための実質的要件

①のとおり、退職後の競業避止義務を課すには原則として明示の根拠（就業規則や合意書など）が必要ですが、こうした競業避止義務は、従業員の転職の自由に制約を加えるものであるという見地から、明示の根拠さえあれば、いかなる場合にも成立するとまでは考えられていません。

具体的な事案において、会社と個々の退職者との間で競業避止義務が成立するか否かは、以下の要素を総合的に勘案して判断されます（詳細は第5章［図表5-1］を参照）。

- 会社の正当な利益の保護を目的としていること（競業避止義務の必要性）
- 従業員の退職前の地位
- 競業が禁止される業務・期間・地域の範囲
- 会社による代償措置の有無

③競業避止義務の効果

①②の検討によって、退職者にも一定の範囲で競業避止義務が認められることがお分かりのことと思います。この競業避止義務について、会社が退職者に対して想定している具体的な法律効果としては、「退職金の没収・減額（あるいは返還）」「損害賠償請求」「競業行為の差し止め請求」が挙げられます。なお、事案ごとに退職者に対する転職の自由への制約の度合いが異なるため、同一企業からの退職者が、同様の競業避止義務違反の行為をした場合でも、退職者ごとに法律効果が異なることはあり得ます（第6章 Q10、11 参照）。

ただし、制度面での対応（就業規則等の整備）という見地でいえば、上記の法律効果のうち、「退職金の没収・減額（あるいは返還）」については、退職金に関する事項が就業規則の必要的記載事項であることなどから、就業規則や賃金規程、退職金規程等に根拠規定を設けておく必要があると考えるのが無難です。

　なお、ここでも留意すべき点としては、根拠規定がある場合でも、退職金返還の可否および範囲は、結局は具体的事案によるということです。裁判例でも、肯定例（三晃社事件　最高裁二小　昭 52. 8.9 判決）と否定例（中部日本広告社事件　名古屋高裁　平 2. 8.31 判決）とがあり、簡単に言えば、「競業避止義務を定めた規定の必要性」「退職から転職に至るまでの期間」「退職の経緯・目的」「会社の被った損害」など諸般の事情を総合的に考慮しつつ判断されています。

③ 運用面での対応〜その1（人事部、法務部）

[1] 対応の概要

　退職トラブルについては、②で説明した制度面（就業規則等の整備）だけでは対応できず、日々発生する事態への対処という、人事・労務の運用面において対応しなければならないトラブルも多いところです。その運用面の対応についても、会社の組織全体として（実務では人事部・法務部のマターとして）対応すべきものもあれば、退職者の所属する各部署（実務では現場のマネジャー）が対応すべきものもあります。以下では、まずは前者の人事部・法務部マターについて説明していきます。

　人事部・法務部で対応すべき退職関連のトラブルとしてよく見られるものとしては、以下が挙げられます。

　㋐退職代行業者への対応

　㋑退職の申し出の取り消し、撤回の可否

　㋒退職事由の認識の相違

　㋓退職者が残した私物の処理、会社貸与品の返還、社宅からの退去等

以下では、⑦〜①について、望ましい対応の方法を簡単に説明していきます。

[2] 実務上よく見られる退職トラブルへの対応

(1) ⑦退職代行業者への対応

　近年、急増している相談例の一つに、退職者が自ら退職の申し出をしてくるのではなく、退職代行業者が申し出てくる、という事案があります。

　この場合、退職代行業者が、本当にその従業員の意思を表示しているかは明らかでないことが多く、会社としてはこの点の意思確認が必要であるため、通常、従業員本人が退職代行業者に委任していることを証明する書面（本人の自署のある委任状。記名・押印の場合は、できれば印鑑証明書も添付したもの）を確認するのが望ましいといえます。それがかなわない場合は、直接本人に確認することが望ましいのですが、退職代行業者が用いられるような場合は、従業員が連絡を取ることを拒否しているケースも多く、実際には難しいでしょう。その場合には、あくまで本人の退職の意思表示が確認できていないとして、退職扱いを留保するしかないと思われます（第4章Q5参照）。

(2) ①退職の申し出の取り消し、撤回の可否

　退職勧奨と並んで、相談が最も多い事案の一つが、従業員からの退職の申し出の取り消し、撤回の可否の問題です。このうち、取り消しについては、従業員を脅したり、だましたりして、退職の申し出をさせたと認められるような場合には、従業員側から退職の申し出を取り消すことができます（民法95条、96条）。

　次に、退職の申し出の撤回については、若干考察が複雑です。従業員側からの退職の申し出には、「辞職」と「合意解約の申し入れ」とがあり、後者は会社側の承諾の意思表示によって退職の効力が生じるとされています。そして、通常、「使用者の態度如何にかかわらず確定的に雇用

契約を終了させる旨の意思が客観的に明らかな場合」に限り辞職であり、そうでなければ合意解約の申し入れと解されるとされています（大通事件　大阪地裁　平10.7.17判決）。したがって、従業員からの退職の申し出は、会社側が承諾の意思表示をするまでは退職（合意退職）の効力が生じず、従業員が退職の申し出を撤回することが可能です。また、退職の申し出に対する会社の承諾については、誰が承諾しても合意退職の効力が生じるわけではなく、退職を承諾する権限を有する者によりなされる必要があります。この点、特に目につく裁判例としては、人事部長による承諾が（その者に新規採用の決定権限はないとしても）有効とされた事案（大隈鐵工所事件　最高裁三小　昭62.9.18判決）や、常務取締役であっても、会社の規程により従業員の任免につき権限外とされていたことから退職届の受領後になされた退職の意思表示の撤回が有効とされた事案（岡山電気軌道事件　岡山地裁　平3.11.19判決）などがあります。

　以上から、会社として、従業員から退職の申し出があった場合に、すぐに退職の効力を確定させるために、人事権のある者が早々に承諾する運用を日頃から確立しておくとよいでしょう。その場合、承諾の存在自体でもめないように、書面（退職受理書）の交付またはメールの送信といった、形に残る方法で行うのがよいでしょう（第4章Q4、Q8参照）。

(3) ⓒ退職事由の認識の相違

　退職に際して、従業員と会社で退職理由の認識が異なっている場合があります。例えば、会社側は従業員が単に「業務・労働条件に納得していなかったこと」が理由だと思っていたところ、従業員側は「在職中のハラスメントや長時間労働」が理由であった、というような場合です（第4章Q14参照）。その場合、退職者は退職届に、ハラスメントや長時間労働といった退職理由を記載してきますが、これをそのまま受理してしまうと、退職者が主張する理由が在職中に存在していたことに会社が異を唱えなかったという事跡が残り、将来的に退職者が、その主張するハラ

スメントや長時間労働等を理由に何らかの請求（損害賠償請求や未払い残業代請求等）をしてきた時に、不利な立場に置かれてしまう可能性があります。そのため、できれば書面やメールといった形に残る方法で適切に反論しておくことが妥当です。この場合、退職者が主張する退職理由を否定することになるので、それでもなお、退職する意思があるか否か確認することも必要になるでしょう。

（4）エ退職者が残した私物の処理、会社貸与品の返還、社宅からの退去等

退職した従業員の中には、退職後の諸手続き（職場に残した私物の回収、会社から貸与された社員証等の返還、社宅からの退去）を履行しない者もいます。そうした者に対して、会社としては、なるべく当人の自発的な意思により手続きを履行するよう働き掛けるのが通常ですが、それでも当人が履行しない場合、一方的な行為（もしくは法的手段）に出るしかありません。

上記のうち、まず私物の処理については、職場には会社の施設管理権が及びますから、会社としては、私物回収の申し入れに応じてもらえない場合、退職者に通知した上で、当人への送付手続きを取ることになります。その際、後から退職者に「○○があったはずなのに送られてこなかった」などと言われないよう、送付物を各個に写真に撮影・保存しておくとよいでしょう。

次に、会社が貸与した社員証や備品等の返還については、無論、会社の所有物ですから返還を求めることは可能ですが、それを強制的に実現するには法的手段に訴えるしかなく、相当の手数と時間がかかります。例えば、備品の中にパソコンがあり、機密漏洩の危険があるような場合もあり得ますので、実務的には、事前の予防策を考えなければなりません。パソコンについては、①職場からの持ち出しを禁止する（あるいは極力制限する）、②デバイス上に機密情報を保存することを禁止する（適宜チェックする）、③アクセス権限者を極力制限する——等の措置を検討

すべきです。また、セキュリティーカードを兼ねている社員証については、退職者の社員証では職場のドアが開閉しないように設定できる仕様のものにすることも考えられます。

　最後に、社宅から退去しない退職者については、会社からの退去の求めに応じないときは法的に明け渡し請求をするしかないのですが、その際には、社宅を巡る法律関係が「賃貸借契約関係」なのか「使用貸借類似の契約関係」なのかを確認・検討しておく必要があります[図表3-5]。前者であれば、6カ月の期間をおいて解約を申し入れるとともに、明け渡しを求める「正当の事由」が必要となります（借地借家法26〜28条）。そのため、直ちに退去することまでは求めることができませんが、社宅は従業員が使用することを前提としているため、明け渡しの請求において「退職者であること」は正当な事由の大きな部分となるでしょう。一方で、後者の場合、原則として、直ちに解約した上で、返還を求めることが可能です（民法597条2項、3項）。なお、賃貸借契約と使用貸借類似の契約の区分は、具体的事案ごとに判断されますが（日本セメント事件　最高裁三小　昭29.11.16判決）、その具体例については、第6章Q7を参照して下さい。

４ 運用面での対応〜その2（現場の管理職）

[1] 対応の概要

　退職トラブルについては、制度的対応（就業規則等の整備）や、法務部・人事部等の運用だけでは対処できず、そもそも退職者が就業していた現場の管理職が対応するしかない問題も存在します。個別のケースについては **[2]** で説明しますが、概括すれば、現場でのマネジメントで対応すべき問題は“退職者固有の問題”というより、日頃の従業員への対応で存在していた問題点が退職に伴って顕在化した、というものが多数です。

図表 3-5　社宅を巡る法律関係の違い

賃貸借契約関係の場合

会社

解約の申し入れ／
社宅明け渡しの請求

退職者

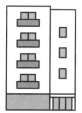

明け渡しを求める
「**正当の事由**」が必要

解約の申し入れから
6 カ月経過すれば、
契約は終了

「退職者」であることは
正当な事由になり得る

退職者をすぐに退去
させられるわけではない

使用貸借類似の契約関係の場合

会社

直ちに解約した上で、
返還を請求

退職者

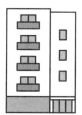

特段の理由は
必要ない

退職者に対し、
すぐに退去を求める
ことができる

[2] 実務上よく見られる退職トラブルへの対応

（1）退職の申し出後の引き継ぎ（年休取得の際の説得）

　期間の定めのない労働契約を締結している従業員（いわゆる正社員）

は、2週間前に通知を行えば退職することができますが（民法627条1項）、実務上よく見られるのが、退職の申し出時に、退職日までの全就業日につき、年休の取得を申請してくるケースです。この場合、代わりに年休を付与できる日がないため、会社が時季変更権を行使することはできず（菅野和夫『労働法　第12版』［弘文堂］566ページ）、退職者の年休取得を認めざるを得ないため、その従業員は退職申し出の翌日から退職日まで、事実上出勤しないということになります（第4章Q12参照）。

　このような状態となれば、引き継ぎが全く行われなくなり、会社の業務に大きな支障が出る可能性があります。こうした年休取得の申し出に対して、会社としては、就業規則で引き継ぎ義務を規定化する、引き継ぎ義務違反を退職金の不支給・減額事由とする、といった対応も考えられますが（上記Q12参照）、これらの対応自体は必ずしも引き継ぎを実現させるものではありません。結局のところ、現場の管理職がこうした規定の内容を説明しつつ、退職者に対して、年休申請の一部取り下げ（場合によってはその年休の買い上げを検討することもあると思われます）、退職日の延期といった協力を求めることが、実務的な対応にならざるを得ないところです。

(2) 退職後の会社への要求〜その1（残業代、控除賃金）

　従業員が退職した後、在職中に未払い残業代や何らかの違法に控除された賃金（在職中に理由なく降格されたり、労働条件を不利益に変更されたりして、減額された賃金）があったと主張し、支払い請求がなされることがあります。こうした請求があった場合、会社としては、当然ながら、退職者の主張の是非を明らかにすべく、事実関係の調査とそれに基づく法的検討を行うことになります（第6章Q2参照）。

　しかしながら、筆者の経験上、労務管理が適切であった場合には、このようなトラブルが起きること自体をかなり予防できますし、仮にトラブルが発生しても会社に不利にならないように、日常の労務管理において適切な対応をしておくことがより望ましいといえます。また、退職者

としても、会社の労務管理が適切であることが明らかな場合には、自己の主張が通らないことを自覚していることが多いと思われます。

　具体的な方策としては、例えば残業代請求については、労働時間の適正な把握が重要です。その際、厚生労働省が策定している「労働時間の適正な把握のために使用者が講ずべき措置に関するガイドライン」（平29.1.20）が参考となるでしょう [**図表 3-6**]。なお、固定残業代につい

図表 3-6「労働時間の適正な把握のために使用者が講ずべき措置に関するガイドライン」のポイント

労働時間の考え方

○労働時間とは……
　使用者の指揮命令下に置かれている時間であり、使用者の明示または黙示の指示により労働者が業務に従事する時間は労働時間に該当する
○例えば、参加することが業務上義務づけられている研修・教育訓練の受講や、使用者の指示により業務に必要な学習等を行っていた時間は労働時間に該当する

労働時間の適正な把握のために使用者が講ずべき措置

○使用者は、**労働者の労働日ごとの始業・終業時刻を確認し、適正に記録**すること
(1) 原則的な方法
・使用者が、<u>自ら現認</u>することにより確認すること
・タイムカード、IC カード、パソコンの使用時間の記録等の<u>客観的な記録を基礎</u>として確認し、適正に記録すること

(2) やむを得ず自己申告制で労働時間を把握する場合
①自己申告を行う労働者や、労働時間を管理する者に対しても自己申告制の適正な運用等、ガイドラインに基づく措置等について、<u>十分な説明を行うこと</u>
②自己申告により把握した労働時間と、入退場記録やパソコンの使用時間等から把握した在社時間との間に著しい乖離がある場合には<u>実態調査を実施</u>し、所要の労働時間の補正をすること
③使用者は労働者が自己申告できる時間数の上限を設ける等、<u>適正な自己申告を阻害する措置を設けてはならない</u>こと。
　さらに 36 協定の延長することができる時間数を超えて労働しているにもかかわらず、記録上これを守っているようにすることが、労働者等において慣習的に行われていないか確認すること

資料出所：厚生労働省リーフレット「労働時間の適正な把握のために使用者が講ずべき措置に関するガイドライン」を基に作成。

ても問題となることが少なくありませんが、これは、どちらかというと就業規則等の整備の要素が大きいと思われます（第5章 **5** 参照）。

また、降格による差額賃金の請求については、降格事由を基礎づける具体的事実を明瞭にすべく、常日頃からの就業実績（問題行為、業務実績、考課内容とその理由となる事実等）の記録と従業員へのフィードバックにより、在職中から降格事由についての認識を共有しておくことが重要です。

（3）退職後の会社への要求～その2（労災申請、損害賠償請求）

退職者から「在籍中の業務が原因で疾病になった（労災）」「在籍中にハラスメントを受けた（損害賠償）」といった主張がなされることもあります。これも、まずは退職者からの主張の是非を明らかにすべく、事実関係の調査とそれに基づく法的検討を行うこととなりますが、それ以前に（それ以上に）、現場の適切な労務管理が予防策として有効です。

すなわち、「過重労働を予防する」「作業手順についての安全規則を順守させるべく日常（朝礼等）において注意を喚起する」「特に精神的に負荷をかけるような事象がないか留意する」といった対応が必要となります。このうち、過重労働の予防については、適切な労働時間の管理に加え、長時間残業を避けるように人事部と協働しつつ調整すること、新規・緊急の仕事を担当させる際に負荷がかかり過ぎないように配慮し、上長からのアフターケアにも留意することが大切です。また、精神的な負荷としては、「心理的負荷による精神障害の認定基準について」（平23.12.26 基発1226第1、最終改正：令2.8.21 基発0821第4）の「業務による心理的負荷評価表」を参照し、そこで、最低でも「強」となっている事象については避けるように心掛けるべきでしょう [**図表3-7**]。

また、ハラスメントについては、例えばパワハラの場合、「事業主が職場における優越的な関係を背景とした言動に起因する問題に関して雇用管理上講ずべき措置等についての指針」（令2.1.15 厚労告5。いわゆる「パワハラ防止指針」）といった実務上の指針を参考に、予防に努めてい

図表 3-7　心理的負荷の強度が「強」とされるケース（一部抜粋）

具体的出来事	「強」と判断する具体例
業務に関連し、違法行為を強要された	・業務に関連し、重大な違法行為（人の生命に関わる違法行為、発覚した場合に会社の信用を著しく傷つける違法行為）を命じられた ・業務に関連し、反対したにもかかわらず、違法行為を執拗^{しつよう}に命じられ、やむなくそれに従った ・業務に関連し、重大な違法行為を命じられ、何度もそれに従った ・業務に関連し、強要された違法行為が発覚し、事後対応に多大な労力を費やした（重いペナルティを課された等を含む）
達成困難なノルマが課された	・客観的に、相当な努力があっても達成困難なノルマが課され、達成できない場合には重いペナルティがあると予告された
仕事内容・仕事量の（大きな）変化を生じさせる出来事があった	・仕事量が著しく増加して時間外労働も大幅に増える（倍以上に増加し、１月当たりおおむね 100 時間以上となる）などの状況になり、その後の業務に多大な労力を費やした（休憩・休日を確保するのが困難なほどの状態となった等を含む） ・過去に経験したことがない仕事内容に変更となり、常時緊張を強いられる状態となった
１カ月に 80 時間以上の時間外労働を行った	・発病直前の連続した２カ月間に、１月当たりおおむね 120 時間以上の時間外労働を行い、その業務内容が通常その程度の労働時間を要するものであった ・発病直前の連続した３カ月間に、１月当たりおおむね 100 時間以上の時間外労働を行い、その業務内容が通常その程度の労働時間を要するものであった
退職を強要された	・退職の意思のないことを表明しているにもかかわらず、執拗に退職を求められた ・恐怖感を抱かせる方法を用いて退職勧奨された ・突然解雇の通告を受け、何ら理由が説明されることなく、説明を求めても応じられず、撤回されることもなかった

資料出所：厚生労働省「心理的負荷による精神障害の認定基準について」の「業務による心理的負荷評価表」を基に作成。

図表 3-8 「パワハラ防止指針」の概要

職場におけるパワハラとは……

職場において行われる

> ❶優越的な関係を背景とした言動で
>   あって
> ❷業務上必要かつ相当な範囲を超えた
>   ものにより
> ❸労働者の就業環境が害されるもの

であり、❶〜❸の要素をすべて満たすもの
をいう。

パワハラの6類型

身体的な攻撃：暴行・傷害
精神的な攻撃：脅迫・名誉棄損・侮辱・ひ
　　　　　　　　　どい暴言
人間関係からの切り離し：隔離・仲間外し・
　　　　　　　　　無視
過大な要求：業務上明らかに不要なことや
　　　　　　　　遂行不可能なことの強制・仕
　　　　　　　　事の妨害
過小な要求：業務上の合理性なく能力や経
　　　　　　　　験とかけ離れた程度の低い仕
　　　　　　　　事を命じることや仕事を与え
　　　　　　　　ないこと
個の侵害：私的なことに過度に立ち入るこ
　　　　　　　と

> **事業主が講ずべき措置**
> ① 事業主の方針等の明確化とその周知・啓発
> ② 相談（苦情を含む）に応じ、適切に対応するために必要な体制の整備
> ③ 職場におけるパワハラに係る事後の迅速かつ適切な対応
> ④ ①〜③と併せて講ずべき措置（その他の措置）

資料出所：厚生労働省「事業主が職場における優越的な関係を背景とした言動に起因する問題に関
　　　　　して雇用管理上講ずべき措置等についての指針」を基に作成。

くことが必要です［図表 3-8］。特に、実務でよく見られるのが、人格
を非難するような叱責（しっせき）や指導とは関係のない暴言（“暗い”“能力がな
い”“給料分働け”など）、他の従業員の前での叱責、長時間にわたる大
声での叱責といった、業務上の注意・指導が不適切・違法な形態で行わ
れるハラスメントであり、これには重々、留意が必要です。

　なお、関連するトラブルとして、私傷病休職の休職期間が満了して退
職扱いになった従業員から、自分が疾病になったのは業務が原因であり
（つまりは業務起因性があり）、労基法 19 条により退職扱いは無効であ
る、という主張がなされるケースがあります（ほとんどが、精神的疾患

の場合です)。これも、結論から言えば、退職扱いとした従業員が疾病に至るまでの業務負荷の程度(量・質)、職場環境(多い例として、ハラスメントの有無・程度)等につき、事実を調査した上で、業務起因性を検討するしかありません。ただし、現場での予防としては、前述のとおり、業務の負荷を適切に管理・調整し、職場環境を良好に保つことが重要です(無論、これは退職者に限ったことではありません)。

第**4**章

事例で見る
退職時のトラブル対応

▶ Q1～7

1 退職の意思表示の有効性

Q 1 退職と他の雇用終了事由にはどのような違いがあるか

　会社と従業員との間の労働契約を終了させる方法として、どのようなものがあるのでしょうか。また、各々の方法において、求められる要件、もたらされる効果にはどのような違いがあるのでしょうか。

　労働契約の終了方法には、①辞職、②合意退職、③解雇、④当然（自然）退職（死亡、定年等）がある。退職と解雇では法規制の程度が異なり、退職のほうが法規制のハードルは低い

［1］無期労働契約と有期労働契約

　労働契約の終了方法を考えるに当たっては、その前提となる契約形態を押さえておく必要があります。

　会社と従業員との間には、会社を使用者、従業員を労働者とする労働契約（労契法6条）が成立しています。この労働契約は、ほとんどの場

合、民法上の雇用契約（623 条）と、ほぼ同義と考えて差し支えありま
せんが、大別して、

> ⑦期間の定めのない労働契約（無期労働契約）
> ⑦期間の定めのある労働契約（有期労働契約）

があり、その雇用終了の類型も両者で異なります。

［2］無期労働契約における契約終了の方法

　無期労働契約とは、期間の定めのない労働契約であり、社会一般で、
いわゆる「正社員」と呼ばれている雇用形態は、この労働契約に該当し
ます。無期労働契約においては、その契約終了の方法（雇用終了の類型）
として、以下の①～④が通常想定されています。

> ①従業員からの辞職
> ②合意退職（「会社からの申し入れ」と「従業員からの申し入れ」と
> 　の双方があります）
> ③解雇（労契法 16 条。有期労働契約の場合は同法 17 条）
> ④当然（自然）退職（死亡、定年制、休職期間の満了等、人為的に
> 　は起こし得ない事象を要件とする退職。ただし、会社によっては、
> 　休職期間満了を解雇事由として規定している場合もあります）

［3］有期労働契約における契約終了の方法

　一方、有期労働契約における契約終了の方法としては、無期労働契約
の場合の①～④のうち、①～③が共通します。ただし、契約期間の定め
があるので、④当然（自然）退職における「定年制」はなく、代わりに、
⑤契約期間満了による終了があります。

［4］雇用終了の類型による法規制の違い

　このように雇用終了の類型を考えることの実益は、雇用終了に関する

法規制の違いにあります。結論から言えば、③解雇には解雇権濫用法理による規制がかかり（労契法16条、17条）、⑤契約期間満了による終了にも一定の条件下で同様の規制があります（同法19条）。

　一方、①従業員からの辞職と②合意退職は、通常「退職」といわれるものの一類型であり、関連する法規制が全くないわけではありませんが、「解雇」に比べ、雇用終了に至る法規制のハードルが低い点が特性となります。これは、①②が従業員側の意思を含んでの雇用終了であり、労働者保護の見地において労働法による規制の必要性が薄いことが原因です。ですから、会社としては、紛争回避の観点から、従業員との雇用関係を終了させる場面においては、「退職」の方策を選ぶことが多くなります。

会社が退職の申し出を承諾しなくても、労働契約は終了するか

従業員が退職を申し出た場合、会社が承諾しなくても、労働契約は終了するのでしょうか。

「辞職」による場合は、会社の承諾がなくても、申し出から２週間が経過すれば、労働契約は終了する。一方、依願退職等の「合意解約の申し入れ」の場合は、労働契約の終了には、会社の合意（承諾）が必要となる

[1] 退職の意思表示の種類

実務上、従業員からなされる労働契約終了の意思表示には、①辞職と②合意解約の申し入れ（合意退職）の二つがあります。

このうち①辞職は、従業員からの一方的な告知により会社との労働契約を終了させる行為であって、会社からの告知である解雇とは異なり、解雇権濫用法理（労契法 16 条、17 条）による規制を受けません。この解雇権濫用法理とは、解雇が客観的かつ合理的な理由を欠き、社会通念上相当と認められない場合には無効とするものです。

一方、②合意解約の申し入れは、労働契約関係の当事者である従業員と会社が合意して、労働契約関係を将来に向けて解約・終了させることを申し入れるものです。この場合も、辞職と同様に解雇権濫用法理の規制を受けることはありませんが、従業員側からだけでなく、会社側からも解約を申し入れることが可能とされています（会社側からの申し入れは、通常、「退職勧奨」という形をとることが多いです）。

[2] 辞職と合意解約の申し入れの違い

この辞職と従業員による合意解約の申し入れは、従業員側からなされ

79

る意思表示である点は共通しますが、労働契約終了の効果を生じるまでに、会社側からの承諾を必要とするか（②合意解約の申し入れの場合）、必要としないか（①辞職の場合）という要件の違いがあります。これにより、従業員側からなされた労働契約終了に向けての意思表示が、辞職なのか合意解約の申し入れなのかの区別は、実務上、重要な意義を有することとなります。

[3] 辞職と合意解約の申し入れの区別

[2] で説明したように、実務上、重要な意義を有することがある辞職と合意解約の申し入れの区別について、基本的な裁判例である大通事件判決（大阪地裁　平10.7.17判決）は、「辞職の意思表示は、生活の基盤たる従業員の地位を、直ちに失わせる旨の意思表示であるから、その認定は慎重に行うべきであって、労働者による退職又は辞職の表明は、使用者側の態度如何にかかわらず確定的に雇用契約を終了させる旨の意思が客観的に明らかな場合に限り、辞職の意思表示と解すべきであって、そうでない場合には、雇用契約の合意解約の申込みと解すべき」と説示しています（上記事件では、従業員の「会社を辞めたる」との発言について、辞職の意思表示ではなく、雇用契約の合意解約の申し込みであると解しています）。

なお、辞職の意思表示と解されたとしても、期間の定めのない労働契約の場合、退職までには原則として2週間の予告期間が必要であり（民法627条1項)、期間の定めのある労働契約の場合には、「やむを得ない事由」がある場合に即時解約ができるにとどまります（同法628条）。

[4] ご質問への回答

退職の申し出が「辞職」に当たる場合は、会社の承諾がなくても、期間の定めのない労働契約の場合は、申し出から2週間が経過すれば、労働契約は終了することになります。一方、退職の申し出が、依願退職等の「合意解約の申し入れ」に当たる場合は、労働契約の終了には、会社

の合意（承諾）が必要となります。なお、裁判例では、会社から承諾の意思表示がなされるまでの間は、従業員はその申し出を撤回できるとされています（例えば、白頭学院事件　大阪地裁　平9.8.29判決）。この場合、実務上では、会社からの承諾の意思表示があったのか、それは退職の承認権限を持つ人によるものなのか、といった問題が生じます（詳細は、本章Q8参照）。

Q3 問題社員に会社都合退職として退職してもらうことは問題か

業務に対して意欲のない社員に「転職してはどうか」と勧めたところ、退職することに合意はしたものの、「自己都合退職ではなく、会社都合退職にしてほしい」と要求してきました。会社としては、あくまで退職は自己の意思によるものなので、自己都合退職にするべきだと考えていますが、退職してもらえるのであれば会社都合退職でも構わないとも思っています。このような会社都合退職の取り扱いは法的に問題ないでしょうか。

 会社都合退職として取り扱うことは問題ない。しかし、助成金制度との兼ね合いから、安易に会社都合退職を認めることは得策ではない

[1] 会社都合退職の範囲

(1) 自己都合退職と会社都合退職

労働契約の終了事由の分類の一つに、「自己都合退職」と「会社都合退職」という分け方があります（この場合の「退職」という言葉は、従業員からの雇用終了の申し出を指す狭義の「退職」ではなく、労働契約を終了させること一般の「退職」という広い意味で用いられています）。

一般に、自己都合退職とは従業員の事情に基づく従業員の判断による退職をいい、会社都合退職とは退職の主な原因が会社（雇用主）側にある場合の退職をいうと解されています。

(2) 会社都合退職として取り扱うことの可否

自己都合退職は、定義上、これに該当するか否かが比較的明瞭です。一方、会社都合退職については、該当範囲がやや不明瞭なところがありますが、おおむね、①「倒産」等により離職した者、②「解雇」等により離職した者の2種類に分けられます。さらに、厚生労働省の「特定受

給資格者及び特定理由離職者の範囲の概要」によれば、②の一類型として、「事業主から直接若しくは間接に退職するよう勧奨を受けたことにより離職した者」が含まれるとされています（なお、従来から恒常的に設けられている早期退職優遇制度等に応募して離職した場合は除かれます）。

　したがって、ご質問のケースにおける従業員は「退職するよう勧奨を受けたことにより離職した者」に含まれるため、会社都合退職として扱うことは可能です。

［２］会社都合退職の場合の効果

（１）失業手当の受給までの期間

　自己都合退職と会社都合退職で大きく異なる点は、失業手当の受給までの期間にあります。自己都合退職の場合は退職後受給まで２カ月以上を要しますが、会社都合退職の場合は７日とされています。

　従業員からすると、この点では会社都合退職のほうが大きく有利ですが、転職活動を考えれば自己都合退職のほうが有利な面もあり、最終的には従業員側の希望を受け入れて取り扱いを決定するとよいでしょう。

（２）実務上の留意点

　社会には雇用や人材育成などの多様な分野で助成金制度があり、その適用を受けている会社も少なくありませんが、会社として留意すべきなのは、そうした制度の中には、例えば「６カ月以内に会社都合での退職者がいないこと」といった条件を設けているものがあることです。この場合、会社都合退職としての取り扱いを認めてしまうと、助成金を受けられなくなる恐れがあります。そのため、ご質問のケースにおいても、安易に会社都合退職としての取り扱いを認めることは得策でなく、自己都合退職では退職に合意しないと従業員が主張している場合には、別の退職条件（転職支援金の供与等）を検討するのが実務的でしょう。

「1カ月前までに退職届を提出すること」との就業規則の規定は有効か

先日、従業員から2週間後に退職する旨の申し出が口頭でありました。しかし、当社の就業規則には、「従業員が自己の都合により退職する場合は、1カ月前までに書面による退職届を提出しなければならない」と規定しています。業務の引き継ぎには時間が必要ですので、書面で退職届を提出させ、その上で1カ月後の退職を認めることとしたいのですが、可能でしょうか。

 従業員の同意がない限り退職を1カ月後とすることはできず、退職届の提出を強要することもできない

[1] 退職の意思表示に関する民法上の原則

退職の意思表示は、"労働契約を終了させる"という法的効果を生じさせる従業員からの意思表示であり、その有効性は、民法の規定に基づいて判断されることになります。同法97条1項は、「意思表示は、その通知が相手方に到達した時からその効力を生ずる」と定めていますが、その伝達方法については、別段の規定はありません。

一方、意思表示の時期については、民法627条1項で、期間の定めのない労働契約の場合、2週間の予告期間をおけば退職の効力が生じるとしています。ただ、これは民法上の規定であり労働法上の規定ではないこと、労働契約においては、就業規則の規定も原則としてその内容となることから（労契法7条）、従業員による退職の意思表示の方法や時期を規定した就業規則が有効か否かが、ご質問のケースでは問題となります。

[2] 退職の意思表示の時期

まず、退職の意思表示の時期については、従業員と会社には契約自由の原則があることから、一定の範囲で就業規則による制限を認めるとす

る見解もあります。しかし、従業員の退職の自由は重要な権利であるため、就業規則の規定によっても、法的には従業員を拘束することはできないと考えるのが一般的な見解となっています。

　したがって、期間の定めのない労働契約においては、2週間の予告期間をおけば退職の効力が生じると考えられますので、ご質問のケースでも、従業員の同意がない限り、原則として退職を1カ月後とすることはできません。

　なお、これが期間の定めのある労働契約の場合には、原則として従業員側も契約期間中に一方的に退職することはできず、「やむを得ない事由」があるときに「直ちに契約の解除をする」ことができるにとどまります（民法628条）。

［3］退職の意思表示の方法

　退職の意思表示の方法についても、民法上の規定はありませんが、前述の退職の自由の重要性に鑑みれば、その意思表示の方法に特に制約を加える規定は、仮にそれが就業規則を通して労働契約の内容となっていたとしても、従業員を拘束することはできないと考えられます。そのため、書面での退職の申し出がなかったからといって、退職の意思表示がなかったものとして取り扱うことはできません。

　ただし、退職とは従業員にとってはもちろん、会社にとっても重大な事項ですので、その意思表示の存否が後に争いになった場合に備え、極力、書面（またはメール等の記録が残る形式）による意思表示を求めるべきでしょう。この場合、新規の意思表示ではなく、既に口頭で受けている意思表示を確認する内容（退職の意思表示の日付、退職の日付等について）を記してもらうのが妥当です。

退職代行業者を通じて退職を申し出た従業員と連絡・
交渉する際、どのような点に注意すべきか

　ある従業員（正社員）が1週間ほど前から出社しなくなり、突然、退職
代行業者（会社）を名乗る者から、当該従業員の代行として退職を申し出る
旨の書面が届きました。その書面には、「○○（従業員）に連絡しないように」
とする旨の記載もあります。当社としては、本人に直接連絡して退職の意思
を確認したいのですが、問題ないでしょうか。また、退職代行業者とやり取
りをする際、どのような点に注意すべきでしょうか。

従業員に直接連絡を取り、退職代行業者への委任の意思を確認するこ
と自体は法的に問題ないが、従業員が連絡を拒否していることも多い。
代行業者が弁護士や労働組合以外の場合は、交渉や折衝をすることが
できないので注意が必要

[1] 退職代行業者の性格

　近年、よく目にする退職関連のサービスに、退職代行業があります。
退職代行業者は、大別すると、以下の二つに分かれます。
㋐法律事務所（弁護士または弁護士法人）または労働組合（以下、弁護
　士等）
㋑それ以外の事業者
　弁護士法72条は、原則として、弁護士以外の者が報酬を得る目的で法
律事務を取り扱うことを禁止していますが、労働組合は、労働組合法6
条に基づき、労働条件に関して会社と交渉することが可能です。したがっ
て、㋐の場合は、退職代行業者は従業員の「代理人」として、退職の意
思表示の内容について会社と交渉することが可能ですが、㋑の場合は、
退職の意思表示をそのまま伝えることのみが可能となります。仮に、退
職意思の伝達以外の権利行使（未払い残業代の請求や残っている年休の
取得等）がなされ、それに対し、会社に異議がある場合でも、その権利

行使について退職代行業者が会社と交渉することはできません。

[2] 退職代行業者への会社の対応

(1) 問題点の整理

　㋐㋑の場合を問わず、退職代行業者による退職の意思表示が、真実、従業員の意思であるかについては明らかでないことが少なくありません。また、殊に㋑弁護士等以外の事業者の場合は、前述のとおり、退職に関連してなされた権利行使に異議があっても、交渉や折衝をする余地がありません。

(2) 従業員の意思が明らかでない場合

　従業員の意思が明らかでない場合の対処としては、従業員が退職代行業者に委任しているということを証明する書面（本人の自署のある委任状。記名・押印の場合は、できれば印鑑証明書も添付したもの）を確認するのが望ましいといえます。

①本人へ直接連絡することの可否

　㋐㋑の場合を問わず、従業員に直接連絡を取って、退職代行業者への委任の意思を確認すること自体は法的に問題ないと思われますが、退職代行業者が用いられるようなケースでは従業員が連絡を拒否していることも多く、実際には直接確認することは難しいでしょう。

②退職の取り扱い

　本人から委任状等が届いた時点をもって退職の意思表示を行ったという取り扱いができれば、会社にとっては明瞭ですが、退職の意思表示自体は代行によることも可能と解されています。ご質問のような正社員（期間の定めのない従業員）の場合、退職代行業者による退職の意思表示から２週間をもって退職の効力が生じ、これを延ばすことはできないと解されます（民法627条１項）。

（3）従業員が何らかの権利行使を主張している場合

　この場合の対処としては、退職代行業者が⑦弁護士等であれば、代行業者を介して、そのまま交渉を進めることになります。しかし、①弁護士等以外の事業者の場合については、権利行使に異議があること、退職代行業者とは折衝ができないことを代行業者を通じて告知して、従業員からの反応を待つしかないでしょう。

Q6 音信不通の従業員を退職扱いとしてもよいか

従業員の1人が会社に出勤しなくなり、電話やメールをしても連絡が取れないまま1カ月以上がたちます。その間、2度ほど本人の住所に上司が訪ねてみましたが、本人が住んでいる形跡も見当たりません。このような場合、就労意思がないと見なして、この従業員を退職扱いにしてもよいでしょうか。

一定期間出勤せず、連絡が取れない場合の自動退職条項を就業規則に設けることは可能だが、それを適用し退職扱いとするためには、相応の手順を尽くす必要がある

[1] 音信不通（連絡不通）の従業員による欠勤と解雇の公示送達

従業員が正当な理由なくして欠勤する場合、従業員側の労務提供の不履行として、懲戒処分の対象となり、さらに欠勤が続けば、懲戒解雇、あるいは従業員の能力・適性の問題として普通解雇に至る場合も考えられます。

しかし、解雇は会社からの意思表示であり、それは相手方（従業員）に到達しなければ効力を生じないため（民法97条1項）、ご質問のような音信不通の従業員に対して解雇の意思表示を到達させるには、法的には公示送達（同法98条1項）の方法によることとなり、かなりの手数を要します（第3章 [図表3-3] 参照）。公示送達は、簡単に言えば、裁判所に公示による意思表示の申し立てを行うとともに、相手方が所在不明であるという調査結果を提出するものですが、この調査に不足があったときには意思表示の到達の効力が生じないので（同条3項ただし書き）、調査を尽くす必要があります。

[2] 退職扱いの可否

(1) 就業規則における自動退職条項

　音信不通の従業員を退職扱いにできれば、**[1]** で説明したような手数は避けられますが、退職には原則として従業員からの意思表示が必要となりますので、出勤せず連絡が取れないことをもって、退職の意思表示があったと会社が一方的に見なすことはできません。

　そこで、昨今、「従業員と連絡が取れず、○○日以上出勤しない場合には、退職したものと見なす」といった規定（以下、自動退職条項）を就業規則中に規定する会社が増えています。こうした自動退職条項に法的効力が認められるかについては、必ずしも見解が一致していませんが、合理的な労働条件を定めている就業規則は労働契約の内容を規律すると解されていることから（菅野和夫『労働法　第12版』［弘文堂］204ページ）、合理的な範囲においては、効力を否定する理由はないと思われます。

(2) 自動退職条項の適用

　ただし、自動退職条項の効力が否定されるケースもあります。例えばＯ・Ｓ・Ｉ事件（東京地裁　令2. 2.4判決）は、就業規則上の「従業員の行方が不明となり、14日以上連絡が取れないとき」との規定に基づき、会社が従業員を退職扱いとし、その有効性が争われた事案です。裁判所は、上記条項は「従業員が所在不明となり、かつ、被告（編注：会社）が当該従業員に対して出勤命令や解雇等の通知や意思表示をする通常の手段が全くなくなったときを指すものと解するのが相当」とした上で、ファクシミリや電子メールを利用して上記通知や意思表示をすることが不可能な状況ではなかったとして、当該退職条項に基づき契約は終了しているとの会社の主張を否定しています。

　したがって、自動退職条項を適用するためには、従業員の所在の確認や連絡手段の検討など、会社として相応の手順を尽くすことが必要になります。ご質問のケースでは、本人に電話やメール等で連絡を取る手段

を尽くしていることに加えて、本人の住所を2度訪ねたものの住んでいる形跡が見当たらず、本人の所在が不明で、出勤命令等の通知の意思表示が不可能な状況にあるため、相応の手順が尽くされているものと考えられます。

[3]　音信不通の従業員の家族からの退職届

　実務では、[1] の解雇が手数を要し、[2] の自動退職条項の適用も法的に不明瞭なところがあるとして、従業員の家族に退職届を代筆してもらい、それを受け取るという方策も見られます。この方策は、家族とはいえ、従業員本人とは別人による退職の意思表示になりますから、法的に問題があることは言うまでもありませんが、仮に従業員が後に現れたとしても、従業員と家族との話し合いにより会社への苦情を抑止する点では、一定の効果があると思われます。

Q7 懲戒処分前に退職届が提出された場合、退職時期を延期させることはできるか

業務とは関係のない電車やタクシーでの移動費用（交通費）を業務上のものと偽って長年にわたり受給していた従業員について、非違行為の全容を調査して懲戒処分を科す予定でいたところ、その従業員が 2 週間後に退職する旨の退職届を提出してきました。この退職届を受理せず、調査が終わる見込みの 1 カ月後まで退職時期を延期させることは可能でしょうか。また、退職後に不正受給分の返還や損害賠償を求めることはできるのでしょうか。

ご質問のケースでは、会社の対応にかかわらず、2 週間後には退職の効力が発生すると考えられるため、1 カ月後への延期は難しい。なお、退職後でも不正受給分の返還や損害賠償を求めることは可能

[1] 退職日の確定

まず、従業員からの退職の申し出が、①「退職願」などのように、会社の反応によっては退職およびその時期の効力が確定しない「合意退職の申し入れ」なのか、あるいは、②確定的に 2 週間後には退職の効力が発生する「辞職の申し入れ」のいずれであるかを確定する必要があります（もっとも、ご質問のような不正受給者の退職の申し出の場合、後者であることがほとんどでしょう）。

いずれにせよ、会社としては、従業員に対し、退職の意思や時期が確定的なものか（翻意はないのか）を確認する必要があります。仮に①「合意退職の申し入れ」であった場合、会社としては、望ましい退職時期（ご質問では 1 カ月後）を従業員との間で合意するよう努めることが妥当です。

[2] 従業員の退職の意思が確定的である場合

従業員は、2 週間の予告期間を設けて会社に告知すれば、会社との労働契約を終了させることができます（民法 627 条 1 項）。したがって、退

職の申し出をした従業員が非違行為をした者であったとしても、確定的に労働契約を終了させる旨の意思表示を行ったときには、会社としては、２週間後の労働契約の終了を止めることができません。

　この場合、懲戒処分を科すのであれば、２週間後の退職時までに非違行為の全容を調査して懲戒処分を決定し、通知しなければならないこととなります。それが難しいのであれば、いささか理不尽な結果となりますが、通常の退職を認めざるを得ません。

［3］退職した後の措置

（1）損害賠償請求と刑事告訴

　仮に非違行為の全容が判明しない時点で当該従業員が退職することとなってしまった場合、会社としては、懲戒処分を科すことはできませんが、退職後も全容を調査し、その結果を基に、当該従業員に対して損害賠償を請求することは可能です。

　また、不正受給の金額や行為態様の悪質性（期間や回数等）、本人の反省・悔悟の情によっては、詐欺罪等で刑事告訴を行う余地もあります。

（2）対応の流れ

　実務的には、まずは当該従業員に対し、退職後であっても非違行為の全容解明に向けた調査に協力することを要請します。その上で、被害総額が判明した際には、その支払いについて協議し、自主的な返還を促すとよいでしょう（仮に協議がまとまらなければ、金額にもよりますが、民事訴訟による損害賠償請求を行うこともあり得ます）。

　また、従業員が調査に協力しないようであれば、会社としては、当該従業員を抜きにした調査の範囲で事実を認定し、民事訴訟にて損害賠償請求を行うとともに、刑事告訴という法的手続きを取ることとなります。

　なお、このような在職中の不正行為を理由に、退職金を不支給または減額（あるいは全部または一部の返還）することについては、就業規則にその旨の規定があれば、検討の俎上には載ると思われます。

2 → 退職の効力の有無、時期

Q8 退職の前日に撤回の申し出があった場合、認める必要はあるか

　先日、ある従業員から退職日を10日後とする退職届が提出されました。遅刻も多く意欲のない従業員なので、当社としては正直「退職してくれてよかった」と思っていたのですが、退職の前日になって、「やっぱり退職を取りやめたい」と申し出てきました。この場合、撤回を認める必要はあるのでしょうか。

　従業員が提出した退職届について、人事権限を有する人事担当役員や人事部長等がそれを受諾していれば、撤回を認める必要はない

［1］辞職と合意解約の申し入れ

　本章Q2のとおり、従業員からの労働契約終了の意思表示には、①辞職と②合意解約の申し入れとがあります。①辞職は、従業員からの一方的な告知によって、会社との労働契約を終了させるもので、②合意解約の申し入れは、労働契約関係の当事者である従業員と会社が合意して、労働契約関係を将来に向けて解約・終了させることを申し入れるものです。

　従業員の意思表示が①辞職と認められるのは、通常、会社側の態度いかんにかかわらず、確定的に労働契約を終了させる旨の従業員の意思が明らかな場合に限られています（大通事件　大阪地裁　平10.7.17判決）。したがって、ご質問のケースにおいても、従業員が確定的に労働契約を終了させる意思を明瞭な形で表していなければ（実務上、このように解釈されることは多くはありません）、退職の意思表示は②合意解約の申し

入れと解釈されます。そのため、労働契約終了の効力が生じるには、従業員からの退職の申し入れに対して、会社側が受諾の意思表示（いわゆる「退職受理」）を行う必要があります。換言すれば、会社が退職受理をしていない限り、従業員は、退職日までの間、退職の申し入れを撤回できることになります。

[2] 会社による退職受理の考え方

　ご質問では、従業員が提出した退職届に対して、会社が受諾（退職受理）をしたか否かが問題となります。これは意思表示の原則により、口頭によるものでも法的には有効ですが、受諾の有無自体が問題となった場合には、立証の見地から、退職受理書等の書面やメールなどにより判断されることが多いでしょう。

　また、受諾の意思表示は人事権限（従業員による合意解約の申し入れを受諾する権限）を有する者によりなされなければならないとされています。この点に関して、裁判例では、人事部長について人事権限を肯定した事案（大隈鐵工所事件　最高裁三小　昭62. 9.18判決）、常務取締役であっても会社の分掌規程により従業員の任免につき権限外とされていた者について人事権限を否定した事案（岡山電気軌道事件　岡山地裁平3. 11.19判決）等が見られます。

　このように、最終的には、その会社において、従業員の退職承諾の権限がどのように規定され、運用されていたかという事実関係によることになります。そのため、少なくとも会社としては、退職届が提出された場合、直属の上司による受理にはとどめず、社長もしくは人事担当の役員・部長名義の退職受理書を交付することが重要です。こうした対応を取っていれば、退職受諾の効力が発生し、従業員による退職の撤回は認められないといった認定がされるものと思われます。

Q9 「退職しなければ解雇する」と言われたと主張し、退職の取り消しを申し出てきた元従業員にどう対応すればよいか

先日退職した従業員が今になって、「『退職届を出さなければ解雇する』と言われて仕方なく退職届を提出したが、退職の申し出を取り消したい」と要求してきました。元々、問題があった従業員ですので、当社としては退職を取り消したくないのですが、この申し出を拒否することは可能でしょうか。

A 解雇事由がないにもかかわらず「解雇する」と告知して退職していた場合には、錯誤による意思表示として退職が無効となる可能性がある。その場合、取り消しの申し出を拒否することは困難

[1] 退職の意思表示と民法の諸規定

退職の意思表示は民法上の意思表示の一つであるため、民法の規定に従うこととなります。民法では、幾つかの場合において、意思表示の効力が否定される旨を規定しています。

大要は以下①～④のとおりです。

①心裡留保（93条）

意思表示をした者（以下、表意者）が、真意でないことを知りながらした意思表示のことです。退職の意思表示においては、例えば、労働者が真意なく退職の意思表示をなし、使用者も真意ではないと知っていた場合がこれに当たります（昭和女子大学事件　東京地裁平4.2.6決定）。この場合、退職の意思表示は当然に無効となります。

（例）退職意思がないにもかかわらず、反省の意を示すために退職届を提出し、会社も本人の真意を知っていた場合

②通謀虚偽表示（94条）

　表意者とその相手方が、意を通じて虚偽の意思表示をなす場合です。退職の意思表示において問題となることは少ないですが、本意でないことを双方が知りつつ、退職の意思表示とその受理がなされたようなケースです。この場合も退職の意思表示は当然に無効です。

（例）第三者をだますために、会社と従業員の間で、形式上、退職の
　　　合意をした場合

③錯誤（95条）

　表意者が、その前提となる重要な事情を誤解して意思表示をした場合です。その誤解（錯誤）が重要なものであるときは、表意者は意思表示を取り消すことができます。ご質問のケースでは、この錯誤および④の強迫の該当性が問題になります（**[2]**で後述）。

④詐欺・強迫（96条）

　表意者が、意思表示を行う過程でだまされたり、強制を受けたりすることにより、正常な意思表示ができなかった場合です。退職の意思表示においては、例えば、退職しなければ看過できない危害を加えられると告知され、表意者が退職の意思表示をしたような場合がこれに当たります。

[2]「解雇する」との告知による退職と錯誤、強迫
（1）解雇予定の告知と錯誤および強迫との関係

　「退職しなければ解雇する」という会社の告知を受けたために従業員が退職の意思表示を行った場合でも、直ちにそれが錯誤になるわけではありません。

　しかし、この場合、従業員は会社のいう解雇が法的に有効である（理由がある）ことを前提として退職の意思表示を行うことが一般的でしょうから、会社の告知した解雇がおよそ理由の立たないものである場合は、

当該退職の意思表示は錯誤によりなされたものとして取り消すことができると考えられます。

　例えば、昭和電線電纜事件（横浜地裁川崎支部　平16.5.28判決）は、従業員が会社から解雇される理由はなかったのに、会社の退職勧奨等により、退職願を提出しなければ解雇されると誤信した結果、退職合意を承認する意思表示をしたと認めるのが相当であるとし、その動機に錯誤があったと判示しています。

　また、仮に錯誤の問題をおくとしても、「解雇する」との会社の告知により、従業員が「退職しなければ解雇されてしまう」との判断を持つに至ったような場合、退職は強迫による意思表示として、やはり従業員の側より取り消し得るということとなります。

（2）実務上の対応

　ご質問のケースにおいても、当該従業員に、会社がどの程度まで、退職しなければ解雇が必至であると述べたのか、また、仮に解雇となった場合に、どの程度の解雇事由が認められる事案だったのかにより、当該従業員の申し出の正当性が判断されることになります。実際に解雇が認められるほどの事由（勤怠不良や能力不足など）がある場合は問題にはなりませんが、そうでない場合、錯誤による意思表示として、その退職の申し出が無効になる可能性があります。

　以上のように、退職の申し出が無効となり得るようなケースでは、取り消しの申し出を拒否することは困難でしょう。

Q10 辞めてほしくない従業員の退職を慰留する際、どのようなことに気を付ければよいか

先日、会社の業績に大いに貢献している従業員から辞表が提出されました（退職理由は不明です）。当社としては、このまま退職されることは一大事であり、何としても引き留めて退職を翻意させたいのですが、あまりに強引な慰留は違法になるとも聞きました。退職の慰留に当たっては、どのようなことに気を付ければよいのでしょうか。

 従業員の自由な意思形成を侵害するような方法での慰留は違法となり得るので注意が必要。単に「辞めないでくれ」と言うのではなく、退職の原因を解消することにも目を向けるべき

[1] 従業員の自由な意思形成の尊重

「退職」と「退職の翻意」は、会社と従業員との労働契約を解約するか、解約を取りやめて存続させるか、といった違いはありますが、いずれも、労働契約の存続につき、原則、自由意思で決定できる権利を持つ従業員の自由な意思形成によるものです。そのため、退職勧奨の場合と同様に、従業員の自由な意思形成を害するような形態・方法で行われる退職の慰留は、違法性を帯びることになります。

したがって、まず、当人を欺罔（欺く、だます）、威迫（脅す、脅迫する）するような行為や、錯誤に陥らせるような行為は、たとえそれが形式的には奏功して退職慰留に成功したとしても、法的には意味がなく、無効になります。ただし、慰留されたことにより従業員が退職を撤回した場合、その後、退職の撤回の取り消しを求めるくらいなら、再度、退職の意思表示を行うでしょうから、無効かどうかは問題にならないともいえます。一方で、少なくとも適切な時期に退職をさせてもらえなかったことで、欺罔や威迫、錯誤の態様、経緯によっては、退職慰留が不法

行為に基づく損害賠償の対象にはなり得ると思われます。

　さらに、そもそも退職の撤回までは至らなくても、社会的相当性を超えて、威迫的であったり、執拗な慰留をした場合、従業員の自由な意思形成を侵害したこと自体をもって、不法行為による損害賠償の対象になり得るところです。

[2] 具体的な慰留のポイント
(1) 法的に問題となるケース

　法的に許される退職の慰留について、総論的な基準は **[1]** のとおりです。

　また、巷の書籍などで見聞される例としては、「後任の業務が軌道に乗るまで退職を認めない」「退職を躊躇させるために、退職により会社が受けた損害の補償をするように求める」といったケースもあれば、慰留面談のために部屋に長時間閉じ込めたり、威迫的な言動（大声で退職の撤回を迫る、机を叩く等）を行ったり、帰宅後に自宅に繰り返し電話したりするケースもあります。

　ただし、こうした態様での慰留が、社会的相当性を超えて、従業員の自由な意思形成を侵害することは、ほぼ間違いないでしょう。無論、「残りの年休の取得を認めない」「退職金を払わない」などというのは論外で、「離職票を出さない」というものも明白な違法行為です。

(2) 実際に慰留する際の考え方

　実務的な観点でいえば、単に「辞めないでくれ」と何度も言うなど、直接的な慰留を幾度も繰り返すことは、従業員の自由な意思形成に対する侵害の度合いが高いと思われます。そのため、まずは、「なぜ退職したいと考えるようになったのか」「どのような点が改善されれば退職を思いとどまるのか」といった点を従業員と共有することから始めるとよいでしょう。加えて、これを当該従業員のみならず、自社の従業員全体における労務管理上の問題点を探る一助となる機会と捉えつつ、その中で、

当人の退職理由について解決策を考えていく、という方向性で面談を繰り返していくほうが、当人への精神的なプレッシャーの緩和にもつながります。

　もっとも、実社会では、退職の申し出がされた後の慰留の成功率は極めて低いのが実情ですので、大きな期待はできないと考えたほうがよいと思われます。

Q11 うつ病で休職していた従業員が「業務が原因だ」と主張している場合でも、休職期間満了により自然退職扱いとすることは可能か

　当社では、従業員が病気で休職した場合、1年間の休職期間を経ても就業可能なまでに治癒しなければ自然退職となる旨を、就業規則で規定しています。先日、うつ病で休職していた従業員をこの規定に沿って自然退職扱いにしたところ、うつ病の原因は長時間労働と上司のパワハラだとして、自然退職扱いは無効だと主張してきました。会社としては、そのような事実はないと考えているのですが、どう対応したらよいでしょうか。

A 客観的にはうつ病が業務に起因するものである場合、自然退職扱いとすることはできない。ただし、業務に起因するか否かの判断ができない場合は、労災申請を行い、労災認定(あるいは不支給決定)を待ってから、対応を決定するのが現実的

[1] 休職制度と労基法の解雇制限

(1) 傷病休職と休職期間満了

　休職制度とは、簡単に言えば、「会社が従業員に対し、労働契約関係を維持しつつ労働への従事を免除もしくは禁止すること」です。休職に至る事由は複数ありますが、ご質問では、従業員のうつ病(傷病)を理由とする傷病休職の取り扱いが問題となっています。

　傷病休職は、就業規則所定の休職期間満了までに傷病が治癒しなければ、当該従業員との労働契約は、①自然退職となるか、②解雇となるかのいずれかが一般的です(両者の区別は、就業規則の規定によることとなります)。なお、傷病の治癒とは、原則として「従前の職務を通常の程度に行える健康状態に復したとき」とされています(平仙レース事件　浦和地裁　昭40.12.16判決)。

(2) 労基法における解雇制限

　一方、労基法 19 条は、「労働者が業務上負傷し、又は疾病にかかり療養のために休業する期間及びその後 30 日間（中略）は、解雇してはならない」としています。この解雇制限は、休職期間満了による解雇（前記②）はもちろん、自然退職扱い（前記①）も含まれると解されています（アイフル〔旧ライフ〕事件　大阪高裁　平 24.12.13 判決）。

　以上より、ご質問においても、従業員のうつ病が業務を原因とするものであった場合、就業規則所定の休職期間満了による自然退職扱いは無効ということになります。

[2] 業務を原因とするか否かの判断

　そこで、従業員のうつ病が、業務を原因とするものであるか否かが問題となります。この点は多くの裁判例や通達等が出ていますが、まず参照すべき資料としては、厚生労働省の「心理的負荷による精神障害の認定基準について」（平 23.12.26　基発 1226 第 1、最終改正：令 2. 8.21　基発 0821 第 4）が挙げられます。

　同通達には、相当具体的に、長時間労働やパワハラの程度と精神的疾病との因果関係の認定について基準が定められています（例えば、長時間労働であれば、心理的負荷が生じる期間および 1 カ月当たりの法定時間外労働数の目安等）。ただし、こうした認定基準に沿って労働基準監督署が「業務を原因とするものではない」と判断した場合でも、裁判所がこれを変更する判断を下す例も少なくありませんので（東芝〔うつ病・解雇〕事件　東京高裁　平 23. 2.23 判決など）、裁判例の動向にも留意が必要です。

[3] 実務上の対応

　ご質問のケースでは、まず会社として従業員がうつ病を発症するまでの労働時間数や人間関係（パワハラの有無・程度等）を確認することが必要でしょう。ただし、うつ病の発症が業務を原因とするか否かには微

妙な判断を要する事案も多く、一企業としては確定的な判断ができないことも多いでしょう。本ケースのように、うつ病発症の原因となる事実が業務にないという認識を会社が持っている場合は、いったんは、就業規則に沿って休職期間満了をもって自然退職扱いとしつつ、従業員より労働基準監督署へ労災申請を行い、労災認定（あるいは不支給決定）を待ってから、対応を最終決定することが現実的です。

　仮に、うつ病が業務に起因するものだと判断された場合には、休職期間満了により自然退職扱いとすることはできませんので、自然退職扱いは休職期間満了時にさかのぼって撤回することとなります。一方で、会社の認識どおり長時間労働やパワハラの事実がなく、業務外の疾病であった場合には、自然退職扱いのままとして問題ないということとなります。

Q12 業務の引き継ぎのために、退職日までの年休取得を認めないことは可能か

先日、退職の申し出をしてきた従業員が、「1カ月後を退職日とした上で、残りのすべての就業日につき年次有給休暇（以下、年休）を取得するので、もう出社しない」と言っています。会社としては、後任者への引き継ぎを行わないと業務に支障が出ることから、このような年休の申請を拒否したいのですが、可能でしょうか。

時季変更により別日に年休を取得させることができないため、年休の申請は認めなければならない。従業員と協議の上、一部出勤してもらい、残年休の日数に応じた手当を支給することは可能

[1] 年休の取得と会社の対応

(1) 時季変更権とは

年休は、従業員が時季（年休取得日）の指定を行い、年休の取得を請求することで成立します。これに対して、使用者は、その年休の取得が事業の正常な運営を妨げる場合には、取得日を変更する「時季変更権」を行使し、労働者が指定した時季に年休を付与しないことが可能です（労基法39条5項）。

なお、会社の時季変更権は、年休を取得する代わりの時季を指定する必要はなく、単に従業員が指定した時季の年休の取得を否定することで足りるとされています。

(2) 退職時の年休取得と時季変更権

会社の時季変更権の行使には、同項の「他の時季にこれ（筆者注：年休）を与える」との文理からしても、代わりに年休を付与する時季が存在することが前提とされています。そこで、ご質問のように、労働者が

退職時に未消化の年休を一括して時季指定するような場合、代わりの時季に年休を与えることができないので、使用者の時季変更権は行使できないと解されています（菅野和夫『労働法　第12版』[弘文堂] 566ページ）。

　なお、就業規則等で、「年休取得の手続きは取得日の一定日数前に行うべき」旨を規定している企業もあるでしょう。この規定について、裁判例（電電公社此花局事件　最高裁一小　昭57. 3.18判決）では、合理的なものである限り有効と判示しています。同判決では、「年休取得日の前々日までに取得手続きを行うべき」（要旨）との規定が問題となり、裁判所はこれを有効と判断していますが、事前手続きの義務が認められる日数はさして多くないのが現実と思われます。

[2] 退職者の一括年休取得への対応
(1) 時季変更権行使の可否
　ご質問のケースにおいて、従業員は、退職日までの全就業日を年休取得日として時季指定していることから、会社が別日に代わりの年休を付与することはできず、時季変更権は行使できないこととなります。

　また、年休の取得は労基法による法的な権利であって、従業員側に相当に悪質な事情があれば、権利の濫用として無効となる余地もあるとは思われますが（会社にとって極めて重要なプロジェクトがある時期をあえて狙って、退職を申し出た上で残年休の一括請求を行う等）、単に、退職日までに年休を一括で取得するといった事情だけでは、これに該当するとは考えられないでしょう。

(2) 現実的な対応方法
　そうなると、原則として、法的に従業員の年休取得を止める方法はなく、あとは、従業員との協議により退職日を延期してもらうか、年休の取得日数を減らしてもらって、引き継ぎのための就業日を確保することが方策となります。この場合、退職までに残存することとなった年休を

買い上げることも視野に入れるのが現実的と思われます。ちなみに、年休の買い上げは、通常時は違法ですが（昭 30.11.30　基収 4718）、退職時に結果として残った年休日数に応じて手当を支給することは、違法ではないと解されています（前掲菅野 575 ページ）。

　なお、退職者の業務の引き継ぎに関しては、就業規則に、退職前の引き継ぎ義務を規定している会社も多いところです。この規定がある場合、引き継ぎの拒否は、就業規則に違反することとなり、懲戒処分を行うことも理論上は可能であることから、退職までに引き継ぎを行わせるための一つの方法となります。また、退職者がこの規定に違反して、会社に損害を生じさせた場合には、会社に対する損害賠償責任を負担することにもなります。さらに、退職金に関する規定において、引き継ぎを行わなかったことをその減額・不支給事由に規定した場合は、退職金の減額を行うことも規則上は可能となります。もっとも、実際に減額が可能となるには、退職者の引き継ぎ懈怠の理由、その懈怠による会社側の実害および危険性といった具体的事実によってきます。

3 → 退職前後でよくあるトラブル

Q13 賞与支給日の前後で退職する従業員に対し、賞与を支払う必要はあるか

　当社では、賞与算定期間における会社業績や本人の基本給、人事考課を勘案して、賞与を年2回（夏季と冬季）支給していますが、賞与支給日に在籍していることを条件とはしていません。この場合、算定期間中に在籍しながらも支給日前に退職した者（以下、退職者A）に対して、賞与を支給する必要はあるのでしょうか。また、支給日の在籍条項を就業規則に規定した場合、支給日前に退職を申し出て、賞与の支給後、短期間で退職する者（以下、退職者B）に対しても、賞与を支給しなければならないのでしょうか。

 在籍条項がない場合、退職者Aについては、支給額が算定可能となっていれば、賞与を支給する必要がある。退職者Bは、在籍条項の有無にかかわらず賞与を支給しなければならない

[1] 賞与の性格、支給基準および在籍条項

　日本の企業における賞与は、ご質問のような方法で決定し、支給されるのが一般的ですが、このような賞与は、基本的には算定期間の勤務に対応する賃金という意味のほかに、功労報償的意味、生活補填的意味、将来の労働への意欲向上策としての意味が込められているとされています。

　従業員が賞与を請求することができる時期については、就業規則等に規定されている支給基準・方法により支給額が算定可能となった時点からと解されています。

　なお、多くの会社では、就業規則等において、支給日に在籍する者のみに賞与を支給する旨の条項（在籍条項）を設けていますが、少なくとも自発的に退職する者との関係では、在籍条項が有効と解されています

（大和銀行事件　最高裁一小　昭 57.10.7 判決）。

[2] 退職者 A（賞与支給日前に退職した者）について

　賞与の在籍条項がない場合、[1] を前提に考えると、退職者 A については、賞与の支給額が算定可能となっているか否か（支給基準・方法が、就業規則の規定や会社の決定により定まっている状態にあるか）が問題となります。もし支給額が算定可能である場合（例えば、算定式が規定され、その算定に必要な係数が既に具体的に当てはめられる状況である場合）には、会社は賞与を支給しなければなりません。

　算定要素の一つとなる人事考課（査定点）については、従業員にとって不明な場合もありますが、少なくとも当該従業員にとって確実に得られるはずの考課による請求が可能であるとされています（菅野和夫『労働法　第 12 版』［弘文堂］439 ページ）。

　一方で、支給額が算定できない状況である場合（例えば、会社業績に基づき賞与を支給する場合で、会社業績が定まらない時期での退職であるとき）は、賞与の請求ができないこととなるでしょう。

[3] 退職者 B（賞与支給日から短期間で退職する者）について

　退職者 B については、在籍条項を設けた後であることを前提として考えます。まず、在籍条項を設ければ、支給日以前の退職者（退職者 A のようなケース）には、賞与を支給する必要はなくなります。しかし、退職者 B の場合、支給日に在籍自体はしていますので、[2] のように、支給額が算定可能な状態になっていなければ支給しないという取り扱いは困難でしょう。

　ただし、退職者 B のような退職予定者とそうでない者とで、全く相違を設けることができないわけではありません。賞与の支給基準において、将来への期待等の意味を持つ部分が多い場合には、合理的な範囲で減額することも可能と考えられます（2 割の減額を肯定した事案として、ベネッセコーポレーション事件〔東京地裁　平 8.6.28 判決〕があります）。

「パワハラに耐えられない」として退職届を提出した
従業員にどう対応すればよいか

　ある従業員（正社員）が、「長年、Ａ部長から受けたパワハラに耐えかね
て退職することとしました」という退職理由が記載された退職届を提出して
きました。念のため、Ａ部長や同僚に事実関係を確認しましたが、一切、思
い当たるところはないとのことです。会社としては、その従業員にこのまま
退職してほしいと思う半面、何か反論しなくてよいかとの心配もあるのです
が、どのように対応すればよいでしょうか。

パワハラについて、会社と退職者本人の認識が異なる場合は、トラブ
ル防止のため、会社としての事実認識を伝えておくことが肝要

[1] 退職理由の記載の持つ意味（トラブルの危険性）

(1) 退職の意思表示と錯誤

　ご質問のような正社員（期間の定めのない労働契約を結んでいる従業
員）の場合、2週間前の告知により退職することが可能であるため（民
法627条1項）、退職の申し出から2週間が経過すれば、退職の効力が生
じるのが原則となります。

　しかし、退職の意思表示も民法上の意思表示の一つですので、そこに
は「錯誤」についての法規定（同法95条）の適用があります。本件に即
して説明すると、意思表示の表意者（退職を申し出た従業員）が法律行
為（退職）の基礎とした事情につき、その認識に真実に反する錯誤があ
り、それが法律行為の目的および取引上の社会通念に照らして重要なも
のであるときは、退職の意思表示を取り消すことができます（同条1項
2号）。

(2) パワハラの主張に反論しなかった場合のリスク

　本件において"部長によるパワハラがあったか否か"の認識は、客観的事実というよりは「事実の評価」という側面があり、それが退職の意思表示において、民法95条の「法律行為の基礎とした事情」に該当するか否かは、見解の相違があり得ます。しかし、従業員としては、「パワハラがあり、それを会社に認めてもらうことを前提として退職する」というのが真意である可能性もあります。その場合、会社側がパワハラを認めなければ、自らの退職の意思表示は錯誤であったなどと主張してくることも考えられます。

　この錯誤の主張の問題をおくとしても、パワハラの存在を退職届という形で告知してきた従業員に対し、会社がパワハラの存在を認めていないにもかかわらず、その退職理由に何も反論しなかった場合、退職後に、パワハラに起因する損害賠償等の請求を受け、「退職時に会社はパワハラを退職理由としたことについて黙認していたではないか」などと主張される可能性も否定できません。

[2] 実務上の対応

　ここまでで説明した危険性に鑑みれば、会社として、当該従業員の退職理由の記載をそのままにして退職届を受理することは好ましいとはいえません。

　そこで、実務的な対応としては、少なくとも、「退職届を受理いたします。ただし、会社としては、退職届に記載された退職理由について認識が異なることを告知いたします」といった、会社としての事実認識を伝えておくことが肝要です。その場合、従業員が「それならば退職を撤回する」と言い出す可能性もありますが、それは、やむを得ないことでしょう。

Q15 会社の費用負担で留学し、その直後に退職した場合、留学費用の返還を求めることは可能か

当社では、会社に有為な人材となってもらうために、従業員に、会社の費用負担で国内外に留学させたり、資格を取得させたりしています。しかし、そういった留学経験者や資格取得者の中には、留学終了後や資格取得後1年もたたずに退職してしまう者もおり、学んだ成果が会社に還元されない場合があります。留学や資格取得のために会社が負担した費用の返還を求めることは可能でしょうか。

 金銭貸借の形式をとっており、留学等の機会や内容について、可能な範囲で従業員側の判断に任せていたような場合は留学費用の返還を請求することが可能

[1] 留学費用等の返還と労基法16条

労基法16条は、「使用者は、労働契約の不履行について違約金を定め、又は損害賠償額を予定する契約をしてはならない」と規定しています。これは、会社が損害賠償の予定を定めることで、従業員を不当に拘束する（賠償額を返すまでは辞めさせない）ことを防止するための規定ですが、労基法は原則として強行法規であるため、会社と従業員との合意や就業規則によってもこの規定を覆すことはできません。

しかし、労基法16条は、賠償予定は禁止しているものの、使用者と労働者との間の金銭貸借までは禁止していません。そのため、留学費用等を会社が従業員に貸与した上で、一定期間の在籍を条件として貸与した金額の返還を免除する合意をし、この合意に基づき、上記一定期間在籍しなかった従業員に対して、金銭返還請求を行うことは、程度によっては可能と解されています（長谷工コーポレーション事件　東京地裁　平9.5.26判決等）。

ただし、上記の金銭貸借の形式をとっていれば、常に返還請求が可能

というわけではありません。例えば、会社が教育訓練や能力開発の一環として業務命令で留学等をさせ、その後の従業員の在籍を確保するために、返還免除の要件として一定期間の在籍をさせるような場合は、実質的に従業員が一定期間前に退職した場合の違約金の定めに当たるとして、認められないとされています（富士重工業〔研修費用返還請求〕事件 東京地裁 平10.3.17判決等）。

具体的な判断要素としては、主に以下のものが挙げられます。

> ● 留学等が従業員の任意か、会社の指示か
> ● 留学等の内容（留学先、修学する科目等）についてどこまで従業員に選択の幅があるか（この点を理由に、留学費用の返還合意の効力を肯定した裁判例として、野村證券〔留学費用返還請求〕事件 東京地裁 平14.4.16判決）
> ● 留学で修学した内容（あるいは取得した資格）と業務との関連性の程度（関連性の強さを重視し、就学費用の返還合意の効力を否定した裁判例として、和幸会〔看護学校修学資金貸与〕事件 大阪地裁 平14.11.1判決等）
> ● 返還の対象となる費用の範囲（学費に限定されているか、留学等の期間における生活費、諸費用をどこまで含むか）
> ● 返還免除の要件の在籍期間（どの程度長期間か）

[2] 本ケースでの対応

[1] に沿って考えると、まずは従業員の留学等の際に、その費用を従業員に貸与し、一定の在籍期間をもってその返済を免除するという金銭貸借の形式をとることを前提としつつ、留学等の機会や内容について、可能な範囲で従業員側の判断に任せることが望ましいでしょう。

なお、返済免除の要件とする在籍期間について、客観的な基準はありませんが、返還合意の効力が認められた裁判例の多くを見ると、２年程度が一般的といえます。

Q16 退職予定の従業員から退職証明書の発行を求められた場合、発行しなければならないか

今般、退職する従業員から、退職証明書なる書面の発行を求められました。当社としては、既に当該従業員に関しては離職証明書を発行しているのですが、それに重ねて退職証明書の発行をしなければならないのでしょうか。また、これを発行することで当社に何かリスクはないのでしょうか。

退職予定の従業員から求められた場合は退職証明書の発行が必要。記載内容によって、特段、何らかのリスクが生じるものではないが、記載する内容には正確を期する必要がある

[1] 離職証明書と退職証明書

離職証明書は通常、従業員の退職に伴い、会社が発行するものです。一方の退職証明書は、従業員が請求しなければ発行の必要がないものです。しかし、実務において、この両者の違いを認識していない例が見られます。そこで、離職証明書と退職証明書の違いを簡単に説明します。

従業員が退職した場合、会社は、離職証明書を退職日の翌日から10日以内にハローワークに提出することとされています（雇用保険法施行規則7条）。その手続きを経て、ハローワークより退職者に離職票が送られ、退職者はその離職票をハローワークに提出し、失業手当の受給の手続きを行うこととなります（失業手当の受給の始期は、自己都合退職の場合は退職より2～3カ月、会社都合退職の場合は申請から7日後です）。

一方、退職証明書は、退職者（退職予定者）からの要請があったとき（のみ）に企業が発行するもので（労基法22条1項）、発行期限は特に定められていません。その本質は、失業手当の受給のような、公的な手続きに必要なものではなく、在職期間や仕事内容などを私企業としての会社が証明する書類であり、記載する項目は法令で定められています（**[2]**

114

で後述します）。

　簡単に言えば、離職証明書が公的なものであるのに対し、退職証明書は、単に当該従業員が会社を退職した事実を証明する、公的な書類ではない会社の任意の書面であるといえます。ただし、会社としては、従業員が退職する場合、あるいは退職した後に求めがあれば発行する必要があります。

[2] 退職証明書の内容および発行の意味

　退職証明書に記載する内容は、①使用期間、②業務の種類、③その事業における地位、④賃金、⑤退職の事由（解雇のときはその理由）です。

　退職者が希望した項目は必ず記載しなければならず、逆に希望した項目以外は記載してはいけません（労基法22条３項。したがって、手続きとして、退職者が希望する項目の確認が必要です）。

　退職証明書は、退職者が転職先に提出する必要があるときや、離職証明書の代わりにハローワークに提出するときなどに使用されることが多いとされていますが、会社としては、その記載内容によって、特段、何らかのリスクが生じるものではありません。しかし、退職証明書における記載が不正確なものであった場合に、例えば転職先が、その記載を信用して当該退職者の処遇を決定したような場合であれば、転職先の誤解を招いたとして、何らかの責任を追及されることもないとはいえず、記載する内容には正確を期する必要があります。

　なお、解雇の理由を記載する場合は、解雇理由証明書（労基法22条２項）を発行する場合と同様に、後に解雇訴訟に発展することに備えて、正確に記載する必要があります。不正確な記載があったり、解雇の直接的・根本的な理由となった部分が不足していたりすると、後に退職者から「退職証明書に記載されていなかった解雇事由は、解雇訴訟になってから会社が後付けで主張したものだ」などと主張される可能性があります。

4 — 退職金にまつわるトラブル

就業規則の変更により退職金を減額する場合、定年退職間近の従業員への対応をどう考えればよいか

　人件費の削減のため、退職金の減額を検討しています。具体的には、就業規則で規定する退職金の算定式「55歳時の基本給×勤続年数を基準とする係数」における「係数」を低くする考えです。従業員に説明したところ、定年退職を3カ月後に控えた者から、「現時点の定年退職者への支給額よりも、自分の定年退職時に予定される支給額が少なくなるのはおかしい」との主張がありました。この場合、退職金の減額はできないのでしょうか。

　退職金の減額は不可能ではないものの、定年退職間近の従業員については特に不利益の程度が大きいことなどから、ハードルはかなり高い

[1] 就業規則の不利益変更の考え方

　退職金は、就業規則の必要的記載事項（労基法89条3号の2）とされており、重要な労働条件の一つです。ですから、それを労働者に不利益に変更するには、労働者の個々の合意によるか（労契法8条）、あるいは合理性のある就業規則の不利益変更によるか（同法10条）しかありません。ご質問の場合、既に従業員から異を唱えられている状況であり、個別の同意による方法は困難と思われますので、就業規則の不利益変更の方法によることになると思われます。就業規則の不利益変更の合理性は、ごく簡単に言えば、①従業員の受ける不利益の程度、②労働条件の変更の必要性、③変更後の就業規則の内容の相当性、④労働組合等との交渉の状況その他の就業規則の変更に係る事情——の諸要素を総合勘案して判断されます（同条）。これらの要素は、事案によって千差万別であり、会社側の説明方法によっても勘案のされ方が異なってきます。

[2] 定年退職間近の従業員と退職金の減額

　就業規則の不利益変更の合理性（ひいては法的効力）は、法形式的には、会社と従業員全体との関係で一律に判断されるのではなく、会社と従業員個人との関係ごとに判断されます。これは、合理性判断の主要素である①不利益の程度について、従業員ごとにその有無・程度が異なっていることとの整合と考えられます。

　特に、ご質問にもある定年退職間近の従業員との関係でいえば、①不利益の程度が、他の従業員より大きくなることが問題といえます。すなわち、当該従業員は既に定年退職を３カ月後に控えており、現時点の規定で算出した金額を受給する期待が大きかったと考えられます。さらに、これから勤続年数を重ねることで退職金の額が積み上がっていくという立場ではなく、既に就労により積み上げてきた金額が逆に削減されるという立場であることも重要です。

　そのため、他の従業員についてはともかく、定年退職間近の者については、退職金の減額という就業規則の不利益変更の合理性が認められるハードルはかなり高いと言わざるを得ないでしょう。ただし、およそ認められる余地がないということはなく、①～④の諸要素、殊に②労働条件変更の必要性の程度（経営状況がどの程度厳しいのか等）、③変更後の就業規則の内容の相当性（同種・同規模の企業の就業規則の内容との比較、変更により企業内における負担の公平性を失しないか否か等）、④労働組合等との交渉の状況その他の就業規則の変更に係る事情（変更に至るまでにどの程度丁寧に説明し、労使で協議を行ったか等）によっては、合理性が認められる余地もあります。

　なお、就業規則の不利益変更は、労働法関連でも、事業再編などと並んで特に難しい（しかも、会社が事前に立てた方針と説明により、効力が左右される余地の大きい）問題ですので、十分に検討することが必要です（詳しくは、拙著『労働条件の不利益変更　適正な対応と実務』[労務行政] 等の書籍を参照いただけると幸いです）。

従業員が亡くなった場合、死亡退職金と未払い賃金は誰に支払えばよいか

先日、従業員の１人が亡くなりました。その従業員については、会社規程上の死亡退職金のほかに、清算前の未払い残業代があり、これらを支払いたいと考えています。しかし、その従業員は既に離婚した女性との間に子どもが２人いる一方、死亡時に同居していた女性（内縁関係）もおり、誰に支払うべきか判断に迷っています。どう対応すればよいでしょうか。

　死亡退職金は規定の内容次第だが、一般的には内縁関係にあった同居の配偶者に支払い、未払い残業代は、法定相続人である２人の子どもに２分の１ずつ支払うとよい

[1] 死亡退職金および未払い賃金の相続におけるリスク

在籍中に死亡した従業員に関しては、死亡退職金や未払い賃金（ご質問における残業代）など、相続人へ支給すべき債務が会社に生じます。

この場合、従業員本人の口座に振り込むことができれば問題はないのですが、通常、本人の死亡とともに本人名義の口座は金融機関により凍結されますから、それはできません。かといって、法的に受け取る権利のない者に支払ってしまうと、将来、正当な権利者にも支払わねばならなくなった場合、二重払いになるリスクがあります。

そこで、死亡退職に際し、死亡退職金や未払い賃金を支払うためには、支払い先を明確にすることが肝要になります。

[2] 死亡退職金の支払い

まず、死亡退職金については、会社の退職金規程等において、その受給権者を規定している場合、その受給権者へ支払うこととなります。なお、この場合、死亡退職金は相続財産には当たらず、本人（死亡した従

業員）に支払うべき債務を相続人に支払うという形はとりません（日本貿易振興会事件 最高裁一小 昭55.11.27判決）。

実務的に多いのは、労基法施行規則42〜45条に準じる規定を設けているケースです。具体的には、受給権者を配偶者、子、父母、孫および祖父母という順序で定めるものです。この労基法施行規則にいう「配偶者」には、法的な意味の配偶者のみならず、事実上の配偶者（内縁の夫・妻）も含まれるとされています（42条）。

ご質問のケースでも、上記の労基法施行規則の規定に準じる形で受給権者を定めていた場合には、死亡退職金の受給権者は、同居していた女性→子どもの順になり、離婚した前妻は受給権者になりません。

一方、退職金規程に上記のような規定がないときは、相続制度に沿って判断することとなり、法定相続人に支払う必要が生じます（後述 **[3]** と同様）。

[3] 残業代（未払い賃金）の支払い

次に、ご質問のような残業代を含む賃金債務については、従業員本人への債務となります。そのため、法的には、会社は従業員の法定相続人に対して、法定相続分に応じて分割した金額を支払う必要が生じます。

なお、本ケースでは、第1順位の法定相続人は配偶者と子どもになりますが、ここでいう配偶者は法律上の婚姻関係にある者であり、離婚した前妻や同居している女性は該当しません。ですので、未払い残業代については、2人の子どもに2分の1ずつ支払うことになります。

ただ、実際は、相続人が誰で、何人いるかも明確ではないケースもあります。実務的には、まずは婚姻関係にある配偶者や子どもに連絡し、相続人の中で代表者を定めてもらうとともに、戸籍証明書を用意してもらい、相続人となり得る人の状況を会社としても確認します。そして、相続人ら全員の同意を得た上で代表者の口座に支払う、といった方策が一般的です。

Q 19 不正発覚後に退職する者に対し、退職金を減額・不支給とすることは可能か

　退職日を1週間後とする旨の退職届を提出した従業員について、これまでに会社のお金を不正に横領していたことが分かりました。そこで、会社としては、懲戒解雇を念頭に置いて懲戒手続きを進めるとともに、その従業員の退職金を減額もしくは不支給にしたいのですが、法的に可能でしょうか。

 横領を理由に懲戒解雇または諭旨解雇した上で、退職金を減額・不支給とすることは可能。ただし、大幅な減額や不支給には、相応の事情が求められる

[1] 退職金を減額・不支給とする根拠条項

　退職金は、一般に「賃金の後払い」と性格づけられつつ、他方では功労報償的な性格も有しているとされています（菅野和夫『労働法　第12版』［弘文堂］439ページ）。また、退職金の支給要件や金額は、労働条件の一つとして、就業規則の必要的記載事項となっています（労基法89条3号の2）。ですから、退職金の減額や不支給を行うためには、原則として、就業規則（もしくはそれを受けた賃金規程、退職金規程等）上に、減額・不支給について規定する根拠条項を設けることが必要となります。

　一般的な就業規則では、懲戒処分である懲戒解雇や諭旨解雇の場合に退職金を減額・不支給とする旨の規定を設けているケースが多く見られます。他方、懲戒処分を伴わない退職金の減額・不支給については、規定しているとしても競業行為（競合他社への就職を含む）の場合くらいです。ご質問のケースでも、退職まで1週間という時間的制約はありますが、懲戒解雇もしくは諭旨解雇といった懲戒処分を科し、それに伴い退職金を減額・不支給とするのが一般的となります（退職間近に発覚した不正行為等の問題については、本章Q20参照）。

　もっとも、退職金の減額・不支給の根拠条項に当てはまらない場合でも、従業員からの退職金請求を権利濫用として認めない、または大幅な減額請求を認めた裁判例もあります（ピアス事件　大阪地裁　平21.3.30判決、NTT東日本事件　東京高裁　平24.9.28判決等）。ただし、これは従業員側に退職金請求を認めるのに著しく不公正であると認められる事由がある場合に限られるとされています（前掲菅野441ページ）。

[2] 懲戒解雇・諭旨解雇と退職金の減額・不支給

　ご質問のケースの場合、従業員が会社のお金を不正に横領していたことを理由に、懲戒解雇もしくは諭旨解雇により退職金を減額・不支給とすることは可能です。ただし、懲戒解雇が退職に間に合い、また、それが法的に有効であったとしても、退職金の「賃金の後払い」的な性格からすれば、大幅な減額や不支給が常に有効となるわけではない点には注意が必要です。

　この点、退職金の減額・不支給が認められるのは、労働者のそれまでの勤続の功を抹消ないし減殺してしまうほどの著しく信義に反する行為があった場合に限られるとされています。例えば、小田急電鉄（退職金請求）事件（東京高裁　平15.12.11判決）は、鉄道会社の従業員が痴漢行為により複数回検挙されたことによる懲戒解雇を相当としつつ、退職金の減額は7割まで（3割は支払う必要あり）としています。一方、日音（退職金）事件（東京地裁　平18.1.25判決）は、複数の従業員が一斉退職したことや、引き継ぎの不履行、在庫商品の持ち出し、顧客データの消去等により会社に多大な損害を与えるなどしたことによる懲戒解雇を有効とした上で、退職金の不支給を認めています。

不正行為により被った損害を退職金と相殺することは可能か

　退職を翌日に控えた従業員が、在籍中に当社規則に違反した取引をしていたことが判明し、これにより相当程度の損害が出る見込みです。懲戒処分はもう間に合わないとしても、その従業員に支払う退職金と当社の被る損害金を相殺したいと考えているのですが、可能でしょうか。

　賃金の全額払いの原則により、原則として相殺は許されない。ただし、退職者がその自由な意思に基づいて同意した場合には、相殺も可能

[1] 退職金や賃金の支払いに関する諸原則

　退職金は、賃金の後払いとしての性格が大きいので、原則として賃金に関する法理が適用されます。この賃金に関する法理には、①通貨払いの原則、②直接払いの原則、③全額払いの原則、④毎月1回以上一定期日払いの原則──といった、賃金の支払いに関する諸原則が含まれます（労基法24条）。ただし、退職金の性質上、④は問題になりません。

　ご質問のケースで会社が検討している「相殺」という措置は、①〜④の原則のうち、③全額払いの原則との関係で問題となります。

[2] 退職金と損害賠償を相殺することの可否
(1) 原則

　③全額払いの原則により、使用者は労働者に対して、その賃金の全額を支払わなければならず、㋐法令に別段の定めがある場合や、㋑労働者の過半数で組織する労働組合または労働者の過半数を代表する者との労使協定がある場合を除いて（労基法24条1項）、会社が何らかの「控除」をすることはできません。そして、会社の従業員に対する債権を自働債権として、従業員の賃金債権と相殺する場合 **[図表4-1]** も、「控除」に

図表 4-1　相殺のイメージ

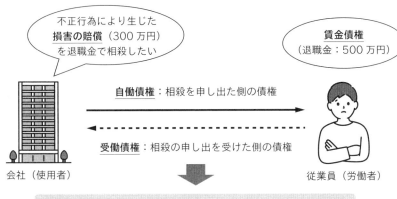

不正行為により生じた
損害の賠償（300 万円）
を退職金で相殺したい

賃金債権
（退職金：500 万円）

自働債権：相殺を申し出た側の債権

受働債権：相殺の申し出を受けた側の債権

会社（使用者）　　　　　　　　　　　　　従業員（労働者）

従業員が自由な意思に基づき相殺に合意した場合には相殺が可能で、
相殺後は退職金 200 万円のみが残る

該当するとされています（関西精機事件　最高裁二小　昭 31.11.2 判決）。

　結論として、ご質問のケースで、従業員への損害賠償請求権と、賃金債権の性格を有する退職金債権とを相殺することは、全額払いの原則により許されないことになります。

（2）従業員が相殺に同意した場合

　原則として相殺が許されないとしても、会社と従業員とが合意の上で賃金債権と会社の債権を相殺することは、それが従業員の自由な意思に基づいてなされたものであると認めるに足りる合理的な理由が客観的に存在するときは、全額払いの原則に反しないとされています（日新製鋼事件　最高裁二小　平 2.11.26 判決）。

　したがって、会社が退職者と協議し、両者が合意した上で相殺する場合には、退職金から会社の損害額を相殺して支払うことが認められる可能性があります。ただし、相殺が退職者の自由な意思に基づくと認められる合理的な理由が必要であるため、およそ根拠がないような多額の賠償額であることは許されません。加えて、そもそも損害賠償を負うよう

な違法な行動であることの理由として、退職者の行為が「会社のどの規則に、どの程度抵触するのか」「それが損害賠償義務を負うほどのものであったのか」といった事情を明確に説明できるようにしておくことが求められます。

　いずれにせよ、合意による相殺を行う場合には、その相殺金額についても双方が了解の上で合意したということを明らかにするために、「相殺前の退職金の支払い額」「損害賠償との相殺額」「実際の退職金の支払い額（相殺後も残存する場合）」の明細を記した合意書を作成し、締結することが適切です。

安心できない
退職後のトラブル

第**5**章

退職後に起こる
トラブルとは

1 はじめに

　会社と従業員との間で、合意退職その他の方法で有効に退職が成立した場合、労働契約が終了することになるので、原則として、会社と従業員との雇用関係は切れることになります。

　しかしながら、会社と従業員との間で、労働契約が終了したとしても、その後の従業員の行動によっては、新たなトラブルにつながることがあります。本章では、会社を悩ませる従業員の退職後の行動として、よく見られる競合他社への転職、機密情報の持ち出し・漏洩、SNS 等での風評被害、未払い残業代の請求、そして退職後も問われる会社の安全配慮義務違反について取り上げます。

2 競合他社への転職

[1] 従業員の競合他社への転職によって生じる問題

　一般的に、従業員は、就労を続けていくことで、おのずと勤務先の行う事業に対する知識・経験を身に付けていきます。そのため、従業員が今いる企業を退職する場合には、これらの知識・経験を生かせる企業に転職、あるいは、自ら競業事業を営む会社を起業したいと考えることが多いところです。

　会社にとって、その従業員が、自社で築き上げたノウハウ・顧客情報

等（つまりは、自社の企業秘密）に触れないような地位や業務内容を担う立場の従業員であれば、さほど問題は生じないと考えられます。しかし、これらのノウハウ・顧客情報等に触れるような立場にある従業員が競合他社に転職した場合には、競合他社にそれらの企業秘密が流出してしまう恐れや、自社の顧客を奪われてしまう恐れがあり、しばしば、会社を悩ませることになります。

そこで、会社としては、従業員に対して、競合他社への転職ないし自ら競業事業を営むことを制限することで、自社で築き上げたノウハウ・顧客情報等が流出してしまうリスクや自社の顧客を奪われるようなリスクを回避することができないかを考える必要があります。

[2] 競業避止義務

競業避止義務とは、一般に、使用者と競合する企業に就職（転職）したり、自ら競業する事業を営まない義務をいいます[1]。在職中の従業員に対しては、労働契約上の付随義務として、信義則（民法1条2項）上当然に課される義務となっています[2]が、退職者については、労働契約が終了している以上、労働契約上の付随義務として課すことはできません。そのため、就業規則に規定[3]したり、従業員から個別に誓約書を求めたりするなど、別途、競業避止義務を課す必要があります。

会社としては、本音を言えば、退職者に対して、自社と競合する企業に就職したり、自ら競業する事業を営まないことを内容とする競業避止義務を無制限に課したいところでしょう。しかしながら、従業員には、憲法22条1項により、職業選択の自由ないし営業の自由が保障されているところ、競業避止義務は従業員の退職後の転職や事業の範囲を制限することとなる点で、職業選択の自由ないし営業の自由を直接制約するこ

---

1 土田道夫『労働契約法 第2版』［有斐閣］125ページ。
2 労働者ではなく役員（取締役）の場合には、会社法356条1項1号より競業避止義務を負うことになります。
3 モリクロ（競業避止義務・仮処分）事件（大阪地裁 平21.10.23決定）等。一般的に、就業規則によって退職後の競業避止義務を負わせることが可能と考えられています。

とになります。そのため、会社としては、退職者に対して無制限に、自社と競合する企業への転職や自ら競業する事業を営むことを禁止することは許容されないと考えられており、この両者の利害について、法的に調整する必要が生じます。

　この点、退職後の競業避止義務は、退職者に対する制約の大きさから、有効性が比較的厳格に判断されており、一般的に、①会社の正当な利益の保護を目的とすることを前提に、②従業員の退職前の地位、③競業が禁止される業務・期間・地域の範囲、④会社による代償措置の有無等の諸事情を総合考慮し、競業避止義務に関する合意が合理性を欠き、従業員の職業選択の自由を不当に害するものであると判断される場合には、公序良俗に反するものとして無効となると解されています[4][**図表5-1**]。

　そのため、退職後の競業避止義務の有効性を判断するには、原則として、上記①～④の事情を個別の事例ごとに検討していくことになります。

①会社の正当な利益の保護を目的とすること

　会社が所持する営業上の秘密[5]（顧客等の人的関係、製品製造上の材料・製法等の一般的とはいえない技術的な情報・ノウハウ等）については、これらを得るために、顧客を接待したり、多額の開発費用を投じたりするなどの多大な努力・犠牲の上に会社が手に入れたものであることを理由に、従業員の持つ職業選択の自由ないし営業の自由と並んで共に保護される性質のものであると考えられています[6]。他方で、会社が営んでいる事業における業務に従事すれば通常取得できると考えられる一般的な知識・経験・技能については、会社が保護すべき正当な利益には該当しないとされています[7]。また、単に強力な競争相手となり得る退職者

4　前掲モリクロ（競業避止義務・仮処分）事件、アメリカン・ライフ・インシュアランス・カンパニー事件（東京地裁　平24.1.13判決）、前掲土田711ページ、荒木尚志『労働法　第4版』（有斐閣）309ページ等。
5　この営業上の秘密は、不正競争防止法により保護される営業秘密に限られません。
6　フォセコ・ジャパン・リミティッド事件（奈良地裁　昭45.10.23判決）、アサヒプリテック事件（福岡地裁　平19.10.5判決）等。

図表 5-1　競業避止義務規定の効力

以下の①〜④の諸事情を総合考慮して、
合理性がないと判断されれば公序良俗違反として無効となる

①会社の正当な利益の保護を目的とすること	②従業員の退職前の地位
会社が所持する営業上の秘密の保護を目的としているか	営業上の秘密を知り得る地位・職務内容であったか

③競業が禁止される業務・期間・地域の範囲	④会社による代償措置の有無
・「在職中に知り得た顧客との取引」等、業務の範囲を限定しているか ・競業の禁止期間が長過ぎないか ・地域制限があるか否か	職業選択の自由ないし営業の自由の制約となることへの対価として、経済的利益を補償しているか （例：金銭、株式の提供、債務免除等）

を事前に排除することや、競業避止義務によって従業員の退職を防止したいという目的のものについても、会社が保護すべき正当な利益には該当しないと考えられています[8]。

②従業員の退職前の地位

　競業避止義務を課す主な目的は、上記のとおり、会社の営業上の秘密を保護することです。そのため、当該従業員がそのような営業上の秘密を知り得る地位・職務内容である必要があります。

　これを前提に考えると、退職前の地位がより高い従業員であれば、競業避止義務を課すことの合理性がより認められやすい、ということになります。もっとも、一定の役職以上であれば一律に合理性が認められる（あるいはその逆）というわけではありません[9]。あくまで、その従業員の権限や業務内容と照らして、①で検討した会社の正当な利益（営業上

7　前掲フォセコ・ジャパン・リミティッド事件、前掲アサヒプリテック事件、アートネイチャー事件（東京地裁　平17.2.23判決）等。
8　横地大輔『従業員等の競業避止義務等に関する諸論点について（上）』判タ1387号10ページ。

の秘密）にどの程度接していたかを考慮して判断することになります。

③競業が禁止される業務・期間・地域の範囲

競業が禁止される業務・期間・地域の範囲についても、より長期間にわたり、対象となる業務が一般的で広範な規制となっている場合には、合理性が否定されやすくなります。

まず、業務については、単に、競合他社への就職や自ら競業する事業を営むことを一般に禁止する場合は、合理性が否定されやすく[10]、他方で、在職中に知り得た顧客との取引を禁止する場合は合理性が肯定されやすいと考えられます[11]。

次に、期間については、より短い期間であれば、合理性が肯定されやすいことは間違いないものの、競業の禁止期間が5年で合理性が肯定された事案[12]もあれば、2年で長過ぎると判断された事案[13]も存在します（これは、会社にとって競業避止義務を必要とする事情の強弱によります）。そのため、期間についても一概に判断はできないところですが、裁判例の傾向では、おおむね2年が分水嶺とされていると考えられます[14]。

地域については、より限定的である場合には合理性が肯定されやすいですが、地理的制限がない場合であっても、過度に広範であるとはいえないとした事案も存在します（ヤマダ電機〔競業避止条項違反〕事件　東京地裁　平19.4.24判決）。そのため、地理的制限がなくとも一概に無効

9　パワフルヴォイス競業避止義務事件（東京地裁　平22.10.27判決）では、アルバイト従業員に対する競業避止義務が有効とされている一方、前掲アメリカン・ライフ・インシュアランス・カンパニー事件では、執行役員の地位にあり、従業員6000人のうち20人ほどしかいない高度の地位であったにもかかわらず、競業避止義務が無効とされています。

10　前掲アメリカン・ライフ・インシュアランス・カンパニー事件では、被告会社と同業務を行う生命保険会社への転職を禁止したことにつき、広範に過ぎると判示しています。

11　前掲モリクロ（競業避止義務・仮処分）事件。

12　フレンチ・エフ・アンド・ビー・ジャパン事件（東京地裁　平5.10.4決定）。ただし、この事案は従業員が代償措置と評価できる数億円の金員を得ていた事案であり、5年という期間が短いものと判断されたものではありません。

13　前掲アメリカン・ライフ・インシュアランス・カンパニー事件。

14　前掲横地論文11ページ。

となるものではないと考えられます[15]。

④会社による代償措置の有無

　代償措置とは、従業員に退職後の競業避止義務を負わせることで、職業選択の自由ないし営業の自由を制約することへの対価として、経済的利益を補償することを指します。金銭が一般的ですが、株式の提供、債務免除等も代償措置に含まれます。

　代償措置については、退職金が支給され、年収の絶対額がそれなりに高額であること[16]、他の従業員と比して高額の基本給、諸手当等を得ていたこと[17]を考慮している事案など、裁判例上は、退職者が受領した経済的利益が、明確に競業避止義務の代償措置として支払われたものであるか否かを問わず、当該退職者にとって、競業避止義務を負うことによって競業が制限されてもやむを得ないといえるほどの経済的利益であるかを考慮して判断していると考えられます[18]。

　退職者に対する競業避止義務の問題は、退職者の職業選択の自由ないし営業の自由を制約することで、退職者が競業事業から経済的利益が得られなくなることをどのように正当化できるか、といった点にあります。そのため、上記①～③の事情を検討した上で、会社の正当な利益と、競業避止義務を負うことで生じる退職者の不利益を考慮して、具体的な代償措置として講ずべき経済的利益が定まることになります。

　裁判例では、代償措置がないことにより競業避止義務が無効とされている事案[19]もあり、学説上は、退職後の競業避止義務における不可欠の要件とする説[20]もあるところですので、代償措置の有無は上記②～④の

15　前掲横地論文11ページにおいて、地理的制限の考慮要素としてのウェイトは軽いとの指摘がなされています。

16　前掲モリクロ（競業避止義務・仮処分）事件。

17　前掲ヤマダ電機（競業避止条項違反）事件。

18　前掲横地論文12ページも同趣旨。

19　東京貨物社（退職金）事件（東京地裁　平12.12.18判決）。

20　前掲土田712～713ページ。

中でもより重視される考慮要素と考えられます。

[3] 会社の取るべき対応

　退職者が競合他社に転職することによる損害を回避するためには、退職者に対する直接的な競業避止義務を課すことと並行して会社が行うべき重要なことがあります。それは、前述 **[2]** ①～④の要素を考慮の上、合理的な内容の競業避止義務を従業員にも課すことです **[図表 5-2]**。

　また、従業員に課した競業避止義務が合理的な内容であることを前提とした上で、さらなる抑止措置として一般的によく見られるものが、退職後の競業避止義務を順守させるために、就業規則において競業避止義務に違反した場合の退職金の不支給・減額条項を定めることです。もっとも、退職金には功労報償的性格、賃金の後払い的性格が含まれることから、退職金を不支給とするためには、労働の対償である退職金を失わせることを相当とする顕著な背信性が認められる必要[21] があるため、退職金不支給条項を規定したとしても、無制限で退職金を不支給とできるわけではありません[22]。しかし、顕著な背信性が認められた場合に不支

図表 5-2　競合他社への転職を抑制するために会社が取るべき対応

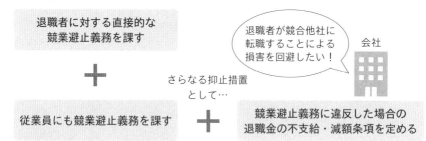

※ **図表 5-1**　①～④の要素を考慮の上、
　　合理的な内容である必要がある

21　中部日本広告社事件（名古屋高裁　平 2.8.31 判決）。
22　退職金の減額については、三晃社事件（最高裁二小　昭 52.8.9 判決）、前掲ヤマダ電機事件等によると、半額程度の減額であれば、基本的には有効とされています。

給とできるよう、退職金減額条項のみならず不支給条項も定めておけば、一定の抑止力となることは十分期待できるところです。

③ 機密情報の持ち出し・漏洩

［1］機密情報の持ち出し・漏洩によって生じる問題

会社は、営業秘密を含む事業に関する情報のみならず、自ら雇用している従業員の情報等、ありとあらゆる多様な情報を保有しています。このような情報の中には、公になってもよい情報や、公知の情報も含まれますが、第三者に漏洩することで会社が競争力を失う[23]、あるいは、損害賠償責任を負うような情報[24]も含まれます。そのため、会社としては、このような情報の漏洩を防ぐために、従業員に職務上知り得た秘密を第三者に漏洩しないことを定めた秘密保持義務を課すことが妥当です。

［2］秘密保持義務

（1）秘密保持義務とは

在職中の従業員は、労働契約上の付随義務として、競業避止義務と同様、信義則（民法1条2項）上当然に、秘密保持義務を負うと考えられています。しかしながら、こちらも、労働契約上の付随義務として認められる以上、労働契約が終了している退職者に課すことはできません。そのため、退職前に（できれば入社前に）あらかじめ就業規則に規定したり、従業員から誓約書を求めるなどして、従業員に個別に秘密保持義務を課す必要があります[25]。

（2）退職後の秘密保持義務の有効性

退職後の秘密保持義務は、営業秘密等の情報の漏洩を制約するものに

---

23 典型例として、企業独自の技術情報、製品情報等の営業秘密が挙げられます。

24 典型例として、従業員を含む他者から入手した個人情報等が挙げられます。

25 不正競争防止法上の営業秘密に該当する場合には、個別の定めがなくとも、同法により保護されます。また、弁護士等の法令上守秘義務が課せられている者も、当然のことながら、個別の定めがなくとも秘密保持義務が課せられています。

とどまりますから、競業行為そのものを禁じる競業避止義務と比較すれば、退職者の職業選択の自由ないし営業の自由に対する制約の程度は比較的緩やかなものといえます。しかし、秘密保持義務で定められた営業秘密等の範囲が不明確で過度に広範であったり、そもそも営業秘密等として保護する必要がなかったりするような場合には、その秘密保持義務は退職者の職業選択の自由や営業の自由を不当に侵害するものとなり得ます。

　具体的には、秘密保持義務は、①対象とする営業秘密等の特定性や範囲、②秘密として保護する価値の有無および程度、③退職者の従前の地位等の事情を総合考慮し、その制限が必要かつ合理的な範囲を超える場合には、公序良俗に違反し無効となるものと解されています[26] **[図表5-3]**。

　したがって、退職後の秘密保持義務については、上記①～③の諸要素を総合考慮した上で、合理性が認められることが必要となりますが、秘密保持義務自体は退職者に対する制約が比較的緩やかであるため、合理性も緩やかに判断されます。

　秘密保持義務の対象となる情報が公知の情報でなく、会社において明

図表 5-3　秘密保持義務の有効性

①対象とする営業秘密等の特定性や範囲

②秘密として保護する価値の有無および程度

③退職者の従前の地位等の事情

①～③を総合考慮し、その制限が必要かつ合理的な範囲を超える場合には、公序良俗に違反し無効

Point　秘密保持義務自体は退職者に対する制約が比較的緩やかであるため、合理性も緩やかに判断される

26　ダイオーズサービシーズ事件（東京地裁　平 14.8.30 判決）、マツイ事件（大阪地裁　平 25.9.27 判決）等。

確な形で秘密として管理されており[27]、その従業員自身が負う秘密保持義務の対象となる情報が特定されていて、範囲も無限定となっていなければ[28]、基本的には合理的と判断されると考えられます。

[3] 会社の取るべき対応

前述【2】のとおり、競業避止義務と同様、秘密保持義務を退職者に負わせるためには、就業規則に規定するか個別に合意を得る必要があります。そのための実務的な措置としては、退職後の秘密保持義務について就業規則に規定しておくことはもちろんですが、それと並行して、入社時および退職時に、秘密情報の範囲を明確に定めた誓約書を求めることが良いでしょう。

また、秘密保持義務を課したとしても、対象となる情報が秘密として管理されていなかったり、従業員が秘密情報を特定できなければ、無効とされてしまいます。そのため、秘密管理規程を作成するなど日々の秘密情報の管理を徹底し、漏洩させたくない情報には「㊙」と付けるなどして、従業員に一見して秘密情報に該当することが明らかなように（さらには、第三者から見ても、会社が秘密情報として取り扱っていることが外形上明らかなように）管理を行うことが重要です。

さらに、言うまでもないことですが、根本的な対策として、秘密保持義務の有効性うんぬんよりも、秘密情報が漏洩しにくいようにすることが肝要です。秘密情報については、それに触れる人が多ければ多いほど、漏洩のリスクが増すことになるので、秘密情報に触れることができる従業員を必要最小限度に設定し、業務を遂行していく上で不必要、余剰な情報に個々の従業員がアクセスすることができないようにすること、秘密情報を持ち出し困難にすること、秘密情報の漏洩が見つかりやすいよう管理・監督を徹底すること、などの環境づくりが極めて重要です[29]**[図表 5-4]**。

---

27 関東工業事件（東京地裁　平 24.3.13 判決）。
28 前掲ダイオーズサービシーズ事件、前掲マツイ事件。

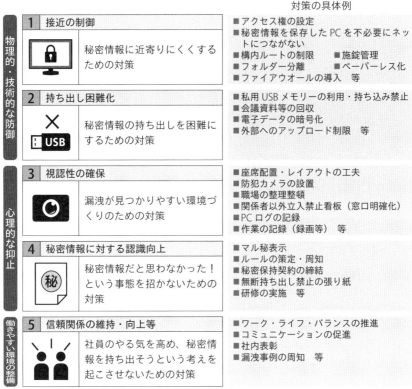

対策の具体例

			対策の具体例
物理的・技術的な防御	1 接近の制御	秘密情報に近寄りにくくするための対策	■ アクセス権の設定 ■ 秘密情報を保存した PC を不必要にネットにつながない ■ 構内ルートの制限 ■ 施錠管理 ■ フォルダー分離 ■ ペーパーレス化 ■ ファイアウオールの導入 等
	2 持ち出し困難化	秘密情報の持ち出しを困難にするための対策	■ 私用 USB メモリーの利用・持ち込み禁止 ■ 会議資料等の回収 ■ 電子データの暗号化 ■ 外部へのアップロード制限 等
心理的な抑止	3 視認性の確保	漏洩が見つかりやすい環境づくりのための対策	■ 座席配置・レイアウトの工夫 ■ 防犯カメラの設置 ■ 職場の整理整頓 ■ 関係者以外立入禁止看板（窓口明確化） ■ PC ログの記録 ■ 作業の記録（録画等） 等
	4 秘密情報に対する認識向上	秘密情報だと思わなかった！という事態を招かないための対策	■ マル秘表示 ■ ルールの策定・周知 ■ 秘密保持契約の締結 ■ 無断持ち出し禁止の張り紙 ■ 研修の実施 等
働きやすい環境の整備	5 信頼関係の維持・向上等	社員のやる気を高め、秘密情報を持ち出そうという考えを起こさせないための対策	■ ワーク・ライフ・バランスの推進 ■ コミュニケーションの促進 ■ 社内表彰 ■ 漏洩事例の周知 等

資料出所：経済産業省「【概要版】秘密情報の保護ハンドブック〜企業価値向上に向けて〜」を基に作成。

4 SNS等での風評被害

[1] SNS 等での風評被害に至る背景

　現代社会においては、SNS の発達がすさまじく、令和3年時点での利用率は、20歳代から40歳代までで約90%、50歳代で79.6%、60歳代でも71.7%に達しています[30]。

29　具体的な方法については、経済産業省「秘密情報の保護ハンドブック」（平成28年2月、最終改訂：令和4年5月）37ページ以下を参照。

30　総務省「令和3年通信利用動向調査」（令和4年5月27日）。

つまり、従業員のほとんどはSNSを利用しているといえ、退職時にトラブルとなり、退職者が会社に対して不満や悪感情を抱いたような場合、第1章でも触れたとおり、退職者がSNSやウェブサイト（以下、「SNS等」というときには、SNSのみならず、ブログ、電子掲示板、口コミサイト等、利用者が自由に表現活動をできるウェブサイト全般を指します）において、会社にとって不都合な事実（労基法をはじめとする法令違反、ハラスメント等）を、場合によっては客観的な事実でないことも含めて投稿し、会社に対する誹謗中傷等の名誉・信用の毀損行為をすることが想定されます。会社としては、このような投稿がされないように、従業員に円満に退職してもらうことが第一ですが、いざ投稿された後には、会社に対する被害を最小限に抑えるように、迅速かつ適切に対処する必要が生じます。

[2] 会社の取るべき対応

(1) 世論に向けた対応

　SNS等の拡散力は非常に高いため、SNS等で誹謗中傷等の名誉毀損を内容とする投稿がなされた場合、その内容の真偽を確認することなく、その内容が事実であるという前提で、不特定多数の人から会社や会社の取引先に対して、抗議や批判等が殺到する状態となってしまう可能性があります（そうでなくとも、会社に対して多くの人が悪印象を持ち、それにより会社の社会的信用が低下する危険もあります）。

　このような状況下では、会社の名誉・信用は既に毀損されているといえ、会社としては、その投稿で毀損された名誉・信用を回復することが第一です。そこで、まずは、迅速にその投稿内容の事実関係を調査し、その投稿に対する会社の見解を示すことが肝要であり、場合によっては反省や謝罪の表明が適切なこともあります。

　また、事前に調査・対応をする部署を決め、いざこのような状態となったときに迅速に対応できる体制づくりをしておくことも必要です。

（2）削除請求
①削除請求の法的根拠

　上記のような会社に対する誹謗中傷等の名誉毀損の投稿を発見した場合、その投稿の内容がこれ以上広まらないように、投稿の削除を求めることを検討することになります。

　名誉を違法に侵害された者は、人格権としての名誉権に基づき、加害者に対し、現に行われている侵害行為を排除し、または将来生ずべき侵害を予防するため、侵害行為の差し止めを求めることができるものと解されています（北方ジャーナル事件　最高裁大法廷　昭61.6.11判決）。そのため、名誉を違法に侵害された会社は、人格権としての名誉権に基づく差し止め請求として、当該投稿の削除請求を行うことができます。

　この人格権に基づく差し止め請求権は、会社の人格権の保護のほか、投稿者の表現の自由を侵害する側面があるため、両者の調整が必要となります。人格権に基づく差し止め請求権の要件は、上記北方ジャーナル事件によると、以下のように整理ができます[31]。

- 会社の社会的評価を低下させるような事実を流布した、またはその恐れがあること
- 表現内容が真実でないこと、または、表現内容が専ら公益を図るものではないこと
- 会社が表現により重大にして著しく回復困難な損害を被る恐れがあること

　もっとも、北方ジャーナル事件は、公職選挙の候補者に対する刊行物での表現が問題となった事案であり、従業員の会社に対するSNS上の誹謗中傷等の名誉毀損の表現とは、公共性の程度が大きく異なります。

31　岡口基一『要件事実マニュアル　第2巻　民法2　第6版』［ぎょうせい］580～581ページ。なお、北方ジャーナル事件では、表現内容が真実でないこと、または、表現内容が専ら公益を図るものでないことが明白であることを求めていますが、公務員または公職選挙の候補者以外の者に対する名誉毀損の場合は、明白性までは必要ないと解されています。

さらに、同事件は、記事の発表前に事前差し止めを行ったものであり、SNS等で既に発信されている投稿に対して削除請求するのと比較して、表現の自由に対する制約の程度も大きなものがありました。そのため、誹謗中傷等の名誉毀損が含まれるSNS等での投稿に対して削除請求する際の要件は、より緩やかなものと考えられています[32]。

具体的な要件としては、一般に、以下のように整理できるとされています[33]。

> ● 会社の社会的評価を低下させる恐れのある記載の流布
> ● 以下のいずれかに該当すること
> ❶ 公共の利害に関する事実ではないこと
> ❷ 公益を図る目的でなされたものでないこと
> ❸ 内容が真実でないこと

ただし、この要件が認められるからといって、常に、全面的に、投稿された内容が削除されるわけではなく、実務では、投稿内容の分割可能な個々の内容について、上記の要件が検討されることがある点には留意したほうがよいでしょう。

②削除請求の対象の選択

SNS等は、基本的に投稿者が自らの投稿を自由に削除できるものがほとんどである上、一次的な責任を負うべきは投稿者本人ですので、原則としては、投稿者本人に対して、会社に対する誹謗中傷等の名誉毀損の投稿を削除するよう求めることになります。

投稿者に対する削除請求が功を奏するためには、投稿者が特定されており、かつ、投稿者に当該SNS等での自らの投稿の削除権限があることが必要です。

32　中澤佑一『インターネットにおける誹謗中傷法的対策マニュアル　第4版』［中央経済社］65ページ。
33　前掲中澤66ページ。

しかしながら、SNS等は匿名で利用される例も多く、投稿者が特定できない場合も多々あります。そのような状況では、会社は投稿者本人に対して、削除を求めることができません。

　さらに、「5ちゃんねる」のように、投稿者が自らの投稿を自由に削除できるSNS等もあり、その場合には投稿者に対して削除を求めたとしても、自ら削除できない以上、意味がありません。

　そのため、実務上は、投稿者本人ではなく、SNS等の管理者等で投稿の削除権限を持っている者に対して削除請求を行うことが多くあります。

③管理者等への削除請求の方法

　裁判手続きにおいて投稿の削除請求を行う場合は時間がかかってしまうため、会社としては、まずは、管理者等に対して任意の削除請求を行っていくことになります。その際には、プロバイダ責任制限法との関係に留意する必要があります。

　プロバイダ責任制限法では、3条1項より、管理者等は、自らが提供するSNS等による表現によって、第三者の権利が侵害されたとしても、同項各号のいずれかに該当しない限り、賠償責任を負わないと規定されています。他方、3条2項では、情報の送信を防止する措置を講じた場合、つまり、投稿を削除した場合に投稿者に生じた損害は、同項各号のいずれにも該当しない限り、管理者等が責任を負う旨が規定されています[図表5-5]。

　すなわち、プロバイダ責任制限法では、管理者等は、自らの管理するSNS等により誹謗中傷等の名誉毀損表現がなされたとしても、責任を負わないのが原則であり、他方で投稿の削除によって投稿者に損害が発生した場合には、原則として責任を負わなければならないということになります。

　そのため、会社が管理者等に誹謗中傷等の名誉毀損を内容とする投稿を任意に削除させるためには、プロバイダ責任制限法3条1項または2

図表 5-5　管理者等の損害賠償責任の制限

> **プロバイダ責任制限法 3 条 1 項**
> 管理者等は、自らが提供する SNS 等による表現によって、第三者の権利が侵害されたとしても、以下の各号のいずれかに該当しない限り、賠償責任を負わない
>
> ・管理者等が自己の管理する SNS 等によって他人の権利が侵害されていることを知っていたとき（1 号）
> ・管理者等が、自己の管理する SNS 等による情報の流通を知っていた場合であって、自己の管理する SNS 等によって他人の権利が侵害されていることを知ることができたと認めるに足りる相当の理由があるとき（2 号）

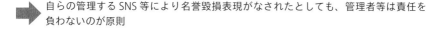 自らの管理する SNS 等により名誉毀損表現がなされたとしても、管理者等は責任を負わないのが原則

> **プロバイダ責任制限法 3 条 2 項**
> 管理者等が情報の送信を防止する措置を講じた場合、つまり、投稿を削除した場合に投稿者に生じた損害は、以下の各号のいずれにも該当しない限り、管理者等が責任を負う
>
> ・管理者等が自己の管理する SNS 等によって他人の権利が侵害されていると信じるに足りる相当の理由があったとき（1 号）
> ・発信者に対し、誹謗中傷等の名誉毀損を内容とする投稿を示して削除を行うことに同意するかどうかを照会した場合において、当該発信者が当該照会を受けた日から 7 日を経過しても当該発信者から削除を行うことに同意しない旨の申し出がなかったとき（2 号）

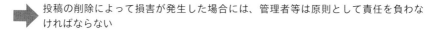 投稿の削除によって損害が発生した場合には、管理者等は原則として責任を負わなければならない

項各号の事由［**図表 5-5**］があることを主張して、削除を求める必要があります。

　また、SNS 等では、独自に投稿を削除するルールを定めている場合がありますので、そのサイトで定められた削除を求める手順に従って、削除請求をすることも有用です[34]。

34　例えば、「Twitter」であれば、サイト上に専用のフォームが設置されています。

5 未払い残業代の請求

[1] 未払い残業代の請求に至る背景

　会社が従業員の残業を正確に把握し、正確な残業代を満額支払っている場合には、退職に際しての未払い残業代の請求がなされることは論理的にはあり得ません。そのため、未払い残業代の請求は、基本的に、従業員がいわゆるサービス残業を行っていた場合（少なくとも従業員自身はサービス残業と認識している場合）になされることになります。

　この点、在職中の従業員は、未払い残業代の請求を行った後もその会社で働き続けることになるため、請求後の人間関係への不安から、心理的に請求を断念しやすい状況にあります。しかしながら、退職後であれば、通常は、雇用されていた会社との関係等に悩む必要はないため、心理的なハードルがなくなり、会社に対して、未払い残業代の請求をしやすい状況になります。このため、実務においては、残業代請求は、退職後もしくは退職申し出後に行われることが多いところです。

　もちろん、先に述べたように、会社が時間外労働をしっかりと管理しており、時間外労働があった場合には時間外手当をすべて支払っているのであれば、未払い残業代請求のリスクはあまり心配するところではありません。しかしながら、「労働時間」は従業員が会社の指揮命令下に置かれている時間をいい、労働時間に該当するか否かは、従業員の行為が会社の指揮命令下に置かれたものと評価することができるか否かにより客観的に定まるものとされています（三菱重工業長崎造船所事件　最高裁一小　平12. 3.9判決）。この「会社の指揮命令下に置かれている」かどうかは、各社の事情により微妙に判断の分かれるところであり、必ずしも一概に、「時間外労働を厳格に管理しているため、未払い残業代に関するリスクはない」と判断できるものではない点には注意が必要です。

　そして、未払い残業代の主張が認められてしまった場合には、その従業員だけでなく、他の従業員からも未払い残業代の請求がなされることが優に想定され（実務上は、口外禁止条項も入れた和解により終了する

事例が多いですが、判決となってしまった場合、他の従業員に波及する可能性は非常に高いものといえます）、会社にとっては、退職時にトラブルとなった者以外の従業員とも未払い残業代でトラブルを抱えてしまうリスクがあります。

[2] 残業代とは

いわゆる残業代とは、従業員が会社との労働契約で定められた所定労働時間外に労働することで発生する賃金を指すのが一般的です。労働契約では、契約で定められた所定労働時間・労働日に対しての賃金に合意することになるので（後述する固定残業代を除く）、当然、所定労働時間・労働日を超えて労働させた場合には、会社は従業員に対して、その労働に対する賃金の支払い義務を負うことになります。さらに、**[図表5-6]**のとおり、労基法上一定の場合には、通常の賃金に加えて、一定の金額を割増で支払うことが定められています。ただし、**[図表5-6]**に該当しない所定労働時間・労働日以外の労働（例えば、1日の所定労働時間が7時間である場合に8時間労働させた場合や、週休2日制で所定

図表 5-6　労基法で定められている割増賃金

種類	割増賃金が発生する条件	割増率
時間外労働	法定労働時間（1日8時間または週40時間）を超えた場合	25% （通常の賃金の1.25倍）
	1カ月の時間外労働が60時間を超えた場合	50% （通常の賃金の1.5倍） ※中小企業については2023年4月から義務化
休日労働	法定休日（労基法35条の定める週1日または4週4日の休日）に労働させた場合	35% （通常の賃金の1.35倍）
深夜労働	午後10時から翌午前5時までの間に労働させた場合	25% （通常の賃金の1.25倍）

[注] 複数の条件に該当する場合は、割増率を足し合わせます（例えば、時間外労働が深夜労働の時間帯にかかる場合は、25%＋25%＝50%の割増率となります）。

休日である土曜日に労働し1週間の労働時間が40時間を超えない場合等）は、実労働分について通常の賃金の1.0倍の額を支払うことで足り、割増賃金は必要ありません。

　残業代は、以下の方法で計算した1時間当たりの金額に、所定労働時間外に労働した時間数を乗じて算定されます（労基法施行規則19条）。ただし、この基礎となる賃金額は、家族手当、通勤手当、別居手当、子女教育手当、住宅手当、臨時に支払われた賃金、1カ月を超える期間ごとに支払われる賃金を除きます（労基法37条5項、労基法施行規則21条）。

- 時給制については、その金額
- 日給制については、その金額を1日の所定労働時間数で除した金額
- 週給制については、その金額を週における所定労働時間数で除した金額
- 月給制については、その金額を月における所定労働時間数で除した金額
- 年俸制の場合は、賞与部分も含めた（ただし、年俸額とは別に賞与を支給する場合はその賞与部分を除く）年俸額全体を年間の所定労働時間数で除した金額[35]
- 請負給制によって定められた賃金については、その賃金算定期間において計算された賃金の総額を当該賃金算定期間における、総労働時間数で除した金額
- 上記のいずれかの賃金形態が重複している場合は、上記によってそれぞれ算定した金額の合計額

　そして、所定労働時間外に労働した時間が、[図表5-6]の割増賃金の対象となる場合には、基礎となる賃金にそれぞれの割増率を乗じた金

35　中山書店事件（東京地裁　平19.3.26判決）。

額を加算します（なお、深夜労働が所定労働時間内の場合は、通常の賃金に加え、深夜労働の割増分として25％の支払いが別途必要です）。

　労基法に従って、会社は上記の計算により算出された金額を残業代として支払う必要があります。

[3] 未払い残業代請求が認められた場合の効果

　従業員の未払い残業代請求が認められた場合には、当然ですが、会社は未払い残業代を支払う必要があります。

　未払い残業代の時効は、当分の間3年（労基法115条、143条3項）とされていることから、企業としては過去3年分の未払い残業代を請求されることになり、請求が認められた場合は相当な金額になります。また、裁判になった場合には、未払い残業代のほかに付加金の支払いが命じられる可能性があり（労基法114条）、その場合には未払い残業代と同額の金額を追加で、つまり、総額で未払い残業代の2倍の金額を支払わざるを得ない状況になることも想定されます。

　さらに、退職後から支払日までの未払い残業代の遅延利息は年14.6％と、非常に高い利率が付されてしまいます（賃金の支払の確保等に関する法律6条1項）。

　さらに、別のリスクとして、一人の従業員による未払い残業代の請求が認められてしまった場合には、前述 [1] のとおり、同様の状況にある他の従業員にも波及してしまう可能性があり、そうなると、金銭的な負担はさらに増えることになります。

[4] 残業代請求における主な争点と、各争点における会社の取るべき対応

（1）労働時間

　残業代請求でよく争点となるのが、従業員の実際の労働時間です。そもそも、従業員の主張する労働時間と会社が把握している労働時間が一致していれば、残業代の未払いが発生する余地は基本的にはないと考え

られるからです。

　労働時間については、法的には従業員側に主張立証責任がありますが、会社に労働時間把握義務があること（労基法 24 条 1 項、36 条、37 条）[36]、賃金に関する重要な書類の作成・保存義務があること（労基法 108 条、109 条）を考慮すると、従業員が労働時間について一応の立証をしたと評価される場合には、会社において、有効かつ適切な反証ができていなければ、従業員の提出資料によって、労働時間が認定されると考えられています[37]。

　したがって、会社としては、有効かつ適切な反証ができるように、タイムカードの記録、パソコンの立ち上げ・終了時刻についてのログ等の客観的な資料と入退館記録等を併せて用いて、従業員の労働時間をできるだけ正確に管理することが肝要です。

　さらに、会社が上記の資料を確認し、資料上の退勤時刻以降に勤務していることがないかどうか、資料上明らかに退勤時刻が遅くなっている日はないか（終業後に職場に残っていないか）を確認することが重要です。

　そして、このような状況の確認を行い、サービス残業を行っていることが確認できた場合には、（そもそも残業自体を許可なく行わないよう注意指導することも重要ですが）残業を行う際には必ずタイムカードを打刻すること、終業時刻後には職場に残らないことを注意指導するなど、

36　京電工事件（仙台地裁　平 21.4.23 判決）では、労基法は、賃金全額支払いの原則（同法 24 条 1 項）をとり、しかも、時間外労働、深夜労働および休日労働についての厳格な規制を行っていることに照らすと、会社側に、従業員の労働時間を管理する義務を課していると解することができると判示されています。

37　佐々木宗啓ほか編著『類型別　労働関係訴訟の実務［改訂版］Ⅰ』［青林書院］165 ページ。また、このような手法で判断がなされた裁判例として、会社がタイムカード等による出退勤管理をしていなかったことをもって、従業員に不利益に扱うべきではないとして、ある程度概括的に労働時間を推認したゴムノイナキ事件（大阪高裁　平 17.12.1 判決）、タイムカードに記載がされていない時間について、時間外労働がなされたことが確実であるのに、タイムカードの記載がなく、その正確な時間を把握できないという理由のみから、全面的に割増賃金を否定するのは不公平であるとして、従業員主張の労働時間の 2 分の 1 を労働時間と推認した日本コンベンションサービス（割増賃金請求）事件（大阪高裁　平 12.6.30 判決）等があります。

会社が把握していない状況で残業が行われないようにすることが肝要です。

（2）固定残業代

　昨今は、会社が、通常の賃金にプラスして、一定の時間分の残業代相当額として、あらかじめ定額を支払う固定残業代制度を導入している例が見られます。固定残業代の支払いが有効であれば、法的には、当該制度で定められている時間分の残業代は既に支払い済みと扱われることになるので、その分に対して従業員から請求があっても否定することができます。しかし、固定残業代が無効と判断された場合には、固定残業代として既に支払った金額が当該制度で定めた時間分の残業代の支払いと評価されず、改めて、実際に認定された残業時間に対する残業代を支払わなければなりません。さらに、固定残業代として支払った金額を加えた賃金額が、割増賃金算定の基礎となる賃金としても扱われてしまい、残業代の単価自体も増額してしまいます **［図表 5-7］**。したがって、会社としては、固定残業代が無効とならないように、慎重に制度設計を行

図表 5-7　固定残業代の取り扱い

例	「30 時間分の時間外労働に対する割増賃金相当額」として、10 万円の固定残業代を毎月支払っていた場合

有効な場合	無効な場合
30 時間分の残業代は既に支払い済みと扱われ、従業員からその分について請求があっても、改めて支払う必要はない	毎月 10 万円支払っていた分は、30 時間分の残業代の支払いとして評価されない ・改めて、実際に認定された残業時間に対する残業代を支払わなければならない ・固定残業代として支払った 10 万円も割増賃金算定の基礎となる賃金に含めなければならない

う必要があります。

　固定残業代が有効となるには、判例においては、固定残業代が残業の対価として支払われていること（対価性）と、通常の労働時間の賃金に当たる部分と残業代に当たる部分とを判別することができること（明確区分性）が必要とされています(国際自動車事件　最高裁三小　平29.2.28判決)。これは単に、例えば、「基本給●万円には、1カ月△時間の時間外労働分に対する時間外手当を含む」といった、労働時間を明示するのみでは足りず、具体的にいくらが何時間分の残業に対する残業代なのかが判別できるものでなければならないと考えられています。なお、設定された労働時間を超えて残業が行われた場合には別途割増賃金を支払う旨の合意があること[38]（差額支払いの合意）が固定残業代の有効要件として必要か否かについては、見解が分かれています。

　筆者としては、設定された労働時間を超えた残業が発生した場合に、残業代を支払うことは当然の前提であり、割増賃金の支払いを規定する労基法37条が強行法規である以上、差額支払いの合意をしなくとも（もっとも、逆に差額を支払わない合意をした場合はその合意が労基法37条違反で無効となるでしょう）、結局は支払うことになることから考えても、あえて合意を要求する必要はなく、差額支払いの合意は独立の固定残業代の有効要件ではないと考えています[39]。もっとも、議論が分かれている以上、会社として、差額支払いの合意を行うことには何らのデメリットはないため[40]、念のため、差額支払いの合意が有効要件であるとして、対応を行うほうが無難です。

　したがって、固定残業代制度を導入する場合は、対価性、明確区分性、

38　テックジャパン事件（最高裁一小　平24.3.8判決）における櫻井龍子判事の補足意見により、この旨が判示され、その必要性について、議論がなされています。

39　白石哲編著『裁判実務シリーズ1　労働関係訴訟の実務　第2版』[商事法務] 123ページ、山川隆一「歩合給制度と時間外・深夜労働による割増賃金支払義務」（労判657号10ページ）も差額支払いの合意は固定残業代の有効要件ではないという立場と思われます。

40　雇用契約書および就業規則の該当部分に単に、「時間外労働が●時間以上の場合は別途支給」等と記載するだけで足り、特段の負担はかからないと考えられます。

差額支払いの合意のいずれも認められるように制度設計することが肝要です。

なお、固定残業代で設定する残業時間があまりにも長時間である場合には、公序良俗に反して固定残業代が無効とされた裁判例[41]があるところですので、あまり長時間に設定しないよう注意する必要があります。この点は、具体的に何時間以上が無効とされるという明確な判断基準があるわけではありませんが、労基法 36 条 4 項により、労使協定を締結しても時間外労働をさせることができる時間の上限が原則月 45 時間であることからすると、45 時間を超えないように設定することが無難といえます。

(3) 管理監督者

労基法上、管理監督者に該当する者については、残業代の支払いが不要であると定められています（同法 41 条 2 号）。

使用者が個人事業主である場合や、役員などの労働者でない者が管理監督を行っている場合等を除いて、従業員の中には管理監督者が存在することが通常です。そのため、ほとんどの会社には、管理監督者が存在すると考えられますが、その管理監督者が退職後に、「自分は管理監督者に該当しなかったため、未払い残業代を支払ってほしい」といったように、残業代の請求をしてくることがしばしばあります。

管理監督者として扱っていた従業員が管理監督者に該当しないとなった場合は、当然ですが、その従業員が行っていた残業に対して、残業代を支払う必要があります。一般的に管理監督者扱いとされている従業員は相当程度高額の賃金となっていることや、管理監督者扱いとしている間は残業代を 1 円も支払っていないことから、非常に高額の請求となる

41　イクヌーザ事件（東京高裁　平 30.10.4 判決）では、「実際には、長時間の時間外労働を恒常的に労働者に行わせることを予定していたわけではないことを示す特段の事情が認められる場合はさておき」との留保を付けながらも、通常は、月間 80 時間と設定した固定残業代を公序良俗に違反するものとして無効とすることが相当と判示しています。

ことが想定されます。したがって、会社としては、管理監督者でない従業員を管理監督者として扱わないようにする必要があります。

　管理監督者とは、行政解釈では、一般的には、部長、工場長等労働条件の決定その他労務管理について経営者と一体的な立場にある者の意であり、名称にとらわれず、実態に即して判断すべきものであるとされており（昭 63. 3.14　基発 150、婦発 47）、裁判例も基本的にこれを踏襲しています。そして、管理監督者として認められる要件としては、具体的には、以下の三つがあると考えられています[42]。

---

①事業主の経営に関する決定に参画し、労務管理に関する指揮監督権限を認められていること

②自己の出退勤をはじめとする労働時間について裁量権を有していること

③一般の従業員と比較して、その地位と権限にふさわしい賃金上の処遇を与えられていること

　裁判例では、上記①～③の要件が厳格に解されているので、注意が必要です[43]。

42　菅野和夫『労働法　第 12 版』[弘文堂] 491 ページ。
43　いわゆる中間管理職といわれる従業員などは、上司を越えて、事業主の経営に関する決定に参画することや労務管理を行う権限がないことが一般的であろうと考えられるため、ほとんどが①の要件を満たさないと考えられます。

6 退職後も問われる会社の安全配慮義務違反

[1] 安全配慮義務とは

安全配慮義務とは、労働契約に伴い使用者に課される、労働者がその生命、身体等の安全を確保しつつ労働することができるよう配慮する義務をいいます（労契法5条）。

具体的な安全配慮義務の内容は、従業員の職種、労務内容、労務提供場所等、安全配慮義務が問題となる具体的状況によって定まりますが、少なくとも、会社には、「その雇用する労働者に従事させる業務を定めてこれを管理するに際し、業務の遂行に伴う疲労や心理的負荷等が過度に蓄積して労働者の心身の健康を損なうことがないよう注意する義務」が認められるため（電通事件　最高裁二小　平12.3.24判決）、労働災害のみならず、業務に起因して発生した精神疾患、脳疾患、心疾患等に対しても、責任を負う可能性があると解されます。

安全配慮義務は、労働契約上の付随義務として認められるものであるため、労働契約が終了している退職後においては、基本的には認められることがありません。しかしながら、退職後であるからといって、必ずしも会社が、当該従業員が在籍していた時点での安全配慮義務違反を問われないということではありません。

裁判例においては、退職時にうつ病を発症していた従業員が退職の1カ月後に自殺をした事例につき、退職後であるからといって因果関係を否定することはせず、種々の事情から業務と自殺との間の因果関係を認定し、会社の安全配慮義務違反を認めています[44]（東加古川幼児園事件

---

44 従業員が在職中にうつ病を発症し、退職から約4カ月を経過した後に自殺した日和住設ほか事件（札幌地裁　令3.6.25判決）でも、自殺と業務との因果関係を認め、会社の安全配慮義務違反を認めています。

大阪高裁　平10.8.27判決。上告審〔最高裁三小　平12.6.27決定〕でもこの結論は維持されています）。

　この裁判例は、在職時に自殺の原因となったうつ病が発症していたとされた事案ですが、裁判例ではうつ病と業務との因果関係を問題としているのみ（うつ病の発症時期については問題としていない）であることからすると、退職後にうつ病等の疾患が発生した場合であっても、当該疾患と業務に因果関係が認められ、かつ、業務の遂行に伴う疲労や心理的負荷等が過度に蓄積して従業員の心身の健康を損なうことがないよう注意する義務を会社が怠っていたとされた場合には、会社は、安全配慮義務違反について責任を負う可能性があると考えられます。

[2] 会社の取るべき対応

　会社としては、日常より、個々の従業員について、業務に起因してうつ病等の疾患が発症しないように、従業員の在職中から適切に労務管理を行っていくことが肝要です。すなわち、厚生労働省より公表されている脳・心臓疾患による労災認定基準や精神疾患による労災認定基準[45]を参考にし、業務が過重であると評価されないよう、労務管理することが求められます。

　その際には、会社は、労働安全衛生法をはじめとする法規・通達等を順守することが当然求められることになります。

　また、根本的な対策として、従業員に過度の負担を与えないように、業務量を適正に管理する、従業員が自己の抱えている不安や悩みについて相談しやすい体制をつくる、残業が増えている従業員や体調の悪そう

---

[45] 以下の厚生労働省のウェブサイトから各種労災認定基準にアクセスできます。
https://www.mhlw.go.jp/stf/seisakunitsuite/bunya/koyou_roudou/roudoukijun/rousai/gyomu.html

な従業員には産業医との面談を促すなどの方法によって、従業員が疾患を発生させないようにする環境づくりが肝要です。

第6章

事例で見る
退職後のトラブル対応

▶Q1~4

1 → 退職後の会社への要求、会社からの退職金返還請求

上司のパワハラで精神疾患になったとして、退職後に
損害賠償を請求された場合、どう対応すべきか

　退職者から、在職中に上司から受けたパワーハラスメント（以下、パワハラ）が原因で精神疾患になったとして、治療費、逸失利益（精神疾患による労働能力喪失分）、慰謝料等の損害賠償を請求されました。会社としてはハラスメントの事実関係自体を認識しておらず、請求に応じるかどうかの判断もつきかねています。取るべき対応策と、こうしたトラブルを生じさせないための予防策を教えてください。

　まずはパワハラの有無を確認し、そうした事実があった場合には、パワハラと精神疾患との間に因果関係（業務起因性）が認められるかを検討する

[1] パワハラがあった場合の法律関係

　会社が雇用する従業員である上司が部下に対してハラスメントを行った場合、その部下は上司に対して不法行為による損害賠償請求権を有す

るとともに（民法709条）、上司を雇用する会社に対しても、原則として、使用者責任による損害賠償請求権を有します（同法715条）。また、上記とは別に、その部下は会社に対して労働契約上の職場環境配慮義務・安全配慮義務を理由とする債務不履行による損害賠償請求権も有します（同法415条）。

　なお、損害賠償請求権が成立した場合でも、会社と上司が賠償責任を負うのは、不法行為や債務不履行行為（本件ではパワハラ行為およびそれを予見・防止しなかった行為）と相当因果関係にある範囲の損害ということになります（同法416条）。

［2］本ケースでの対応

　本ケースにおいては、まず、退職者が主張する上司によるパワハラの有無を確認しなければなりません。そのためには、①上司がどのような行為をしたのか（5W1Hを明確に）という客観的事実の認定を基礎として、②その行為がパワハラに該当するか否かの判断を行うことになります。①の事実認定では、関係者複数人への具体的なヒアリングが必要であり、②の判断は、往々にしてパワハラと業務上の指導との区別がつきにくく、実務では難問となることが少なくありません。なお、②の判断に当たっては、例えば、厚生労働省の「職場におけるパワーハラスメント対策が事業主の義務になりました！」といった行政発の資料や、自社の問題と類似する事案を取り扱った裁判例等を参考にすることが多いです。

　また、仮にパワハラが実際にあったとして、会社が負うべき責任（その退職者の損害）の範囲については、パワハラと精神疾患との間に因果関係（業務起因性）が認められるか、という点が問題になります。パワハラに限らず、業務と疾患との間の因果関係の有無は、多くの場合、従業員側からの労災申請を受けた労働基準監督署の判断によることになりますが、労働基準監督署の判断は必ずしも法的に確定的なものではなく、裁判所の判断（司法判断）と相違することもあります。ですから、まず

は、「心理的負荷による精神障害の認定基準について」（平 23.12.26 基発 1226 第 1、最終改正：令 2. 8.21 基発 0821 第 4）などの行政発の資料のほかに、類似事案の裁判例等を参考に、因果関係の有無を検討していくことになります。裁判例等の知識があまりない場合や、解釈が会社内では難しい場合、社外の弁護士へ相談するとよいでしょう。

[3] 予防策

　このようなトラブルの予防策としては、厚生労働省からパワハラ防止指針（「事業主が職場における優越的な関係を背景とした言動に起因する問題に関して雇用管理上講ずべき措置等についての指針」令 2. 1.15　厚労告 5。第 3 章 [図表 3-8] 参照）といった実務上の指針が出ているため、これを参考に、日常業務の中でパワハラ自体の予防に努めていくことが必要です（こうした行政の指針を履践しないでいると、従業員に損害が生じた場合、会社の法的責任が認められやすくなることは言うまでもありません）。

Q2 退職者からの残業代請求や降格による賃金減額分の請求にどう対応し、予防すればよいか

しばらく前に退職した者から、在籍時の時間外労働・休日労働に対する未払い残業代の支払いを請求されました。また、別の退職者から、降格により減額した基本給の差額分を請求されています。これらの請求について、どのように対応し、予防すればよいのでしょうか。

退職者からの請求について、具体的事実関係の確認と法的判断の検討を行う必要がある。適正な労働時間の把握や降格事由に対する認識の共有など、日頃の実務の中で予防することが求められる

[1] 退職者からの請求でよく見られる例

従業員の退職時に、既に発生している「会社に対する具体的権利」がある場合、その権利は退職によって消えるものではないため、退職後しばらくたってから、退職者が権利の主張をしてくることがあります。

ご質問では、以下の①②の請求がなされていますが、これは実際によく見られる例でもあります。

> ①在職中の時間外労働・休日労働に基づく未払い残業代の請求
> ②在職中に理由なく降格されたり、労働条件を不利益に変更されたりして減額された賃金の請求

[2] ①②の請求への対応方法

退職後に何らかの請求があった場合、会社としては、退職者の主張の是非を確認・検討する必要があります。その際のポイントは、具体的事実関係の確認と、それを前提としての法的判断の検討との二つに分かれます。

まず、前記①の未払い残業代請求については、以下の点が問題となることが多いでしょう。

- 退職者がどのような日・時間帯に時間外労働や休日労働を行っていたのか（労働時間の把握）
- 一定の範囲で時間外労働等を行っていたとして、それが法的に残業代請求を生じさせる可能性があるのか
  → 指揮命令下の就業といえるのか、管理監督者であって残業代が生じないのではないか、固定残業代によって支払い済みの部分があったのではないか等

　次に、前記②の賃金減額分の請求については、以下の点が問題となります。

- 降格により変更となった賃金の内容・時期
- 降格の根拠（主に就業規則上の降格事由）
- 降格の根拠を構成する、当該退職者の具体的行動・実績
  → 規律違反、業務実績、考課内容およびその考課がなされるに至った原因となる具体的事実関係等

　また、このような賃金請求は、短期消滅時効（労基法115条において5年、ただし当面の間は3年間と規定されています）にかかることも少なくないので、とりあえず支払い期より3年以上を経た部分については、消滅時効を援用すること（消滅時効の期間が徒過しているので、賃金請求権が消滅した、と主張すること）が実務的な措置となります。

[3] 退職者からの請求の予防法
(1) 残業代の請求について

　当然ながら、在職中にこうしたトラブルの種になる事実関係が見られないよう予防策を取っておくことが最善です。

　未払い残業代請求（前記①）についていえば、厚生労働省「労働時間

の適正な把握のために使用者が講ずべき措置に関するガイドライン」(平成 29 年 1 月 20 日策定) に沿って労働時間を適正に把握し、そもそも未払い残業代が発生しないようにする必要があります。また、固定残業代制度を採用するのであれば、最低限、通常の賃金部分と残業代部分とを明瞭に区分するといった措置を取っておくことが肝要です (医療法人社団康心会事件　最高裁二小　平 29. 7.7 判決)。

(2) 降格による賃金減額分の請求について

　降格による賃金減額分の請求 (前記②) については、降格事由を基礎づける具体的事実の有無が重要となります。常日頃から従業員の就業実績 (問題行為、業務実績、考課内容とその理由となる事実等) をきちんと記録し、それに基づくフィードバックを行うことで、在職中から降格事由についての共通認識・理解を深めておくことが大切です。

Q3 企業外労働組合に加入した退職者からの要求に応じなければならないか

休職期間満了により退職した従業員が企業外の労働組合に加入し、その組合が「休職の原因となった私傷病は会社の長時間労働が原因であり、休職期間満了の退職は無効である」と主張して、①従業員と会社の労働契約関係が存在すること、②休職期間中の未払い賃金、さらには③長時間労働を行っていた時期の未払い残業代などを要求し、団体交渉を申し入れてきました。当社は、この団体交渉に応じなければならないのでしょうか。また、応じる場合には、どのような注意点があるでしょうか。

 退職後であっても、「退職した」こと自体を否定して、団体交渉の申し入れをしてくる場合には、拒否することができない

[1] 退職者が加入した労働組合との団体交渉義務

使用者は、その雇用する労働者を代表する労働組合からの団体交渉の申し入れについて、正当な理由なく拒否することはできません（誠実交渉義務。労働組合法7条2号）。この「雇用する労働者」には、原則として既に労働契約関係が消滅した退職者は含まれませんが、ご質問のケースのように、「退職した」こと自体を否定して、団体交渉の申し入れをしてくる場合には、拒否することができないとされています。

また、退職したこと自体は争いがなく、単に、退職前・在籍中の未払い残業代の支払い等を要求事項として団体交渉が申し入れられた場合でも、近い過去に存在した労働契約関係の清算を求められたものとして、やはり企業が団体交渉を拒否することはできないと解されています（以上、菅野和夫『労働法　第12版』［弘文堂］1014 〜 1015 ページ）。

したがって、ご質問のケースでいう②休職期間中の未払い賃金や③長時間労働を行っていた時期の未払い残業代の要求なども、休職期間満了による退職の有効・無効の問題とは別個に（その問題がなくとも）、団体

交渉に応じなければなりません。

[2] 団体交渉に応じる場合の注意点

　企業外労働組合から団体交渉の申し入れがなされる場合、申し入れの日から近い日時（数日後〜1週間後など）を指定して団体交渉の開催を要求してくることが多く見られます。しかし、ご質問のケースのように、事実関係の確認や法的判断が複雑な要求が幾つも重なっている場合、通常、会社が短期間で適切な回答をする準備を整えることは困難です。したがって、会社としては、まずは要求事項に対する回答と想定問答の準備（できれば会社側の事実認識、判断を補強する資料作成までの準備）に必要な期間を確保できる日時を逆に指定しつつ、団体交渉に応じる旨を回答することが妥当です。

　この点、あまりに期間を置くのは、前述の誠実交渉義務に違反するとして、不当労働行為となる危険があります。しかし、複数かつ複雑な問題点を含む場合は、事実関係にもよりますが、2週間〜1カ月程度の期間を設けて団体交渉に応じることも許容されると思われます。

　なお、ご質問のケースで会社側が行うべき事実確認・法的判断の回答の準備のうち、休職期間の満了については第4章Q11で、未払い残業代については本章Q2で詳しく説明しています。

Q4 退職後に不正行為が発覚した場合、退職金を
返還させることは可能か

　半年ほど前に退職した者が、在職中、不正に経費を流用していたことが発覚しました。そこで、その分の損害賠償と併せて、就業規則の「退職後に在職中の不正行為が発覚した場合には、退職金の全部または一部を返還する」旨の規定に基づき、支払い済みの退職金を一部でも返還してもらいたいと思い、退職者に返還を要求したところ、拒否されてしまいました。法的に退職金を返還させることは可能でしょうか。

 退職金の返還を求めることは可能。ただし、規定があることだけで返還が認められるのではなく、経費の不正流用の実態によって判断されるため、注意が必要

[1] 経費の不正流用に対する損害賠償請求の可否

　従業員が会社の金員を不正に流用することは、労働契約上、従業員が負うべき誠実義務に違反する行為であり、会社に対して債務不履行責任を負うと同時に、不法行為責任（民法 709 条）を負う事由でもあります。

　したがって、ご質問のケースで、会社が退職者に対して、不正に流用した経費額を損害賠償として請求できることは言うまでもありません。もっとも、実務的な問題として、退職者の行為が「不正」だったか否か（会社規則または命令に対する違背の有無、そもそも実質的に会社の利益にならない行為であったか否か）や、流用したとする「経費」の範囲・金額（特に、適正な経費の使用と混在しているときの区別）といった、不正流用の存在および金額の立証には困難が生じることもあります。そのため、客観的資料（会社帳簿、金銭の流れ、流用の際に生じた伝票や領収書、領収書の出金の性格等）を丹念に調査することが必要です。

[2] 退職金の返還請求について

(1) 退職金の返還請求におけるハードル

　次に、検討している退職金の返還請求ですが、これは第4章のQ19〜20でも説明した退職金の性格が問題となります。すなわち、退職金は、一般に「賃金の後払い」と性格づけられつつ、他方では功労報償的な性格も有しているため、就業規則に退職金の返還規定があり、実際にその返還規定所定の要件（不正行為）があるからといって、常に返還請求が認められるものではありません。また、常識的に考えても、例えば在職中に僅少額の経費精算の誤りがあったことをもって、「不正行為」だとして退職金の返還を求めるのは、均衡を欠くでしょう。

　そのため、退職金を返還させる場合も、最終的には退職金が不支給であったのと同じ結果を（事後的に）招来させるものですので、退職金を不支給とする場合（上記Q19参照）に準じて、在職中の「不正行為」が、勤続中の功労を抹消もしくは減殺するような事由であるか否かを基準として、返還請求の可否を考えるのが妥当でしょう。

(2) 返還請求の可否を考える際のポイント

　具体的な事案について考える際には、流用した経費の金額や回数、期間はもとより、経費の流用に至る動機・経緯（一定の理由がある経費の請求を会社が認めてくれなかったという事実の有無など）、不正に対する会社のチェック体制の有無・良否といった諸事情により、退職金返還請求の可否とその程度が異なってくるものと思われます。

　さらに、ご質問のケースでは従業員の退職から半年が経過していますが、退職後の年数を経ていくにつれ、在籍中の不正行為による会社との信頼関係毀損の度合いも徐々に希薄化していくものと思われますので、返還請求も難しくなっていくでしょう。

2 — 退職後の備品・社宅の扱い

Q5 退職者が残した私物をどのように処理すればよいか

退職を申し出た後、退職日まで年休を取得し、一度も出社しないまま退職した従業員がいます。机の上や引き出し・ロッカーの中には本人の私物がかなり残っており、会社としてはこれを引き取ってほしいのですが、どうすればよいでしょうか。また、音信不通になった従業員を退職扱いにしたのですが、やはり私物が残っています。このケースでは、どのような対応が適切でしょうか。

 退職者に所有権がある私物を勝手に処分することはできない。必要な連絡や通知を行った上で本人に送付したり、連絡が取れない場合でも、一定期間は保存しておくことが望ましい

[1] 会社の施設管理権

労働契約関係は、基本的に、労働者が労務を提供し、その対価として使用者が賃金を支払う関係です（労契法6条）。通常、会社は、職場において集団的・組織的に従業員を指揮・命令することで、その労務提供を受けて企業活動を実施しており、企業施設を管理する権限（施設管理権）を有しています。この施設管理権の一環として、会社は職場における物品の管理を行うことができ、従業員の私物について、その持ち込みの是非・範囲を決定することができます。

ご質問とは少し離れますが、昨今は企業機密防衛の目的から、従業員のスマホ持参をロッカーまでとして、業務を行う場所までは持ち込ませない、といった例もあります。

[2] 退職者が残した私物の処理方法

(1) 退職者が年休を取得して出勤しなかった場合

　こうした施設管理権の見地からすれば、ご質問のケースにおいて、会社が退職者に私物を回収するように申し入れることは当然に可能です。ですが、法には、自力救済（簡単に言えば、司法手続きによらず自分の実力で自己の権利を実現すること）の禁止という基本原則があります。これにより、退職者に所有権がある（少なくとも会社にはない）私物について、会社が自力で自らの施設管理権を実現する（私物を排除する）ことはできません。

　したがって、私物の処理については、迂遠ではありますが、退職者に対して「○○日までに私物を回収しに来て下さい」といった通知を複数回にわたり出し、私物の回収を勧告する手続きを踏む必要があります。それでもなお退職者が私物を回収しない場合は、退職者に通知した上で、送付手続きを取ることになると思われます。その際、後から退職者に「○○がロッカーにあったはずなのに届いていない」などと言われないように、送付物を各個に写真に撮影・保存しておくことが望ましいでしょう。

(2) 退職者が音信不通の場合

　音信不通となった退職者についても、会社による自力救済が認められないのは**（1）**と同様ですが、退職者に連絡が取れないという点で求められる対応が異なります。

　この場合は、退職者に通知した上で送付するという手段が取れませんが、だからといって退職者の私物を職場に置き続けるわけにもいかないのが通常です。したがって、退職者に連絡を取る努力をしつつ（書簡の送付や、可能であればメールの送信）、それでも連絡がつかなかったという形跡を残した上で、倉庫や空きスペース等の保管に適した場所へまとめて移動しておくとよいでしょう。

　処分してしまうという選択肢もありますが、退職者の所有物であることを考えると、3年程度は保管しておくのが無難ではないでしょうか。

**会社が貸与した社員証や備品を返還しない退職者に
どう対応すればよいか**

当社では従業員に、セキュリティーカードを兼ねた社員証や、パソコンなどの業務に必要な備品を貸与しています。先日、退職者に社員証や備品を返還するように連絡したのですが、無視されています。この場合、どのように対応すればよいでしょうか。

 退職者に連絡を取って返還してもらうことが基本だが、連絡を無視されている場合は、民事訴訟により返還請求をすることになる

[1] 事後の対応策

ご質問の社員証や備品はいずれも会社の所有物ですから、会社が望むならば、従業員は退職前であっても返還しなければなりません（もっとも、その場合、どのように業務を遂行するのか、仮に遂行できなくてもそれは会社の責任なのではないか、という問題は別に生じますが）。これは、従業員が退職し、会社との労働契約が終了した時点となっては、なおさらです。

ですから、会社としては、必要であれば複数回にわたり退職者に連絡を取って、その返還を求めるべきですが、ご質問のケースのように連絡を無視されている状況であれば、法的手続きとして、社員証や備品の返還を請求して民事訴訟を起こすしかありません。なお、その前段階として、相談できる弁護士がいれば、その弁護士名で「一定日時までに返還要請に応じなければ正式に民事訴訟を提起する」旨の最終通告（内容証明によることが一般です）をしてもらうことも選択肢の一つでしょう。

また、備品の中にパソコンがある場合には、会社の機密情報がその中に保存されていたり、そのパソコンから社内の機密情報にアクセスできたりする可能性もあります。後者の問題はアクセス権限を制限すること

で対応が可能かもしれませんが、前者の問題は、パソコンそのものを回収しないままに第三者の手に渡れば、機密情報漏洩のリスクが拡大することもあり得ます。そこで、民事訴訟の提起に先立って（あるいは並行して）、処分禁止の仮処分（パソコンの第三者への譲渡等をできなくするための法的手続き）を申し立てておくといった方法も検討するべきです。

[2] 事前の予防策

[1] の対応策は問題が生じた後のものですが、そもそも、このような問題が生じないほうがよいことは言うまでもありません。そこで、事前の予防策を考える必要があります。

例えばパソコンについては、①職場からの持ち出しを禁止する（あるいは極力制限する）、②デバイス上に機密情報を保存することを禁止するとともに、適宜チェックを行う、③常日頃のアクセス権限を慎重に考慮する（もっとも、これは業務上の有用な情報の共有範囲を狭めることも意味するので、難しいところもありますが）——といった対策が挙げられます。

また、セキュリティーカードを兼ねている社員証については、退職者の社員証では職場のドアが開閉しないという対応が取れるような仕様のものを採用することも考えられます。

こうした備品自体に関する改善も有効ですが、最終的には企業は"人"ですので、仮に退職するにしても、最後まで会社に対してその責任（引き継ぎも含めて）を果たしてもらえるような社風、例えば、従業員の納得性を高めるような人事・労務施策を常日頃から行っておくことが望ましいでしょう。

Q7 退職者を社宅から退去させることは可能か

先日、社宅に入っている従業員が自主退職し、退職日を過ぎたのですが、社宅から一向に出て行く気配がありません。当社としては、社宅の維持にも経費がかかっており、その社宅を他の従業員に貸したいと思っているので困っています。退職者に退去してもらうことはできないのでしょうか。

 社宅の法律関係により対応が異なる。社宅の使用料が低額であるなど、「使用貸借類似の契約」と判断される場合には、実務上、1〜3カ月の猶予期間を設けて退去を求めることが望ましい

[1] 社宅の法律関係〜賃貸借か使用貸借類似か〜

社宅に関する法律関係は、大まかにいえば以下の二つの解釈に分けられ、いずれに該当するかは事案ごとに判断されます（日本セメント事件　最高裁三小　昭 29.11.16 判決）。

①賃貸借契約（借地借家法の適用あり）
②使用貸借類似の契約（借地借家法の適用はない）

なお、法律関係の違いが持つ意味については、**[2]** で説明します。

事案ごとの判断要素としては、これも大まかですが、⑦使用料（低額であるほど、②使用貸借類似の契約と判断される方向に動く）と、④使用範囲（社宅を使用する者が従業員に限られ、その運用が規則等で制度化されているほど、②使用貸借類似の契約と判断される方向に動く）が挙げられるところです。

ここで、具体的な基準として、⑦使用料に関する裁判例を幾つか紹介します。これらの事案では、いずれも②使用貸借類似の契約関係と判断されました。

○ JR東日本（建物明け渡し等請求）事件（千葉地裁　平3.12.19判決）

　問題となった社宅と立地条件、構造、規模、設備等において同一の建物を一般人が賃借する場合の賃料と比較して、従業員が負担していた使用料が数分の一であった事案。

○ JR東日本（杉並寮）事件（東京地裁　平9.6.23判決）

　近辺の貸室の賃料と比較して、従業員の負担が5分の1以下であった事案。

[2] 退職者に対する明け渡し請求の可否と程度

　退職者に対する明け渡し請求の可否と程度は、社宅の法律関係が①賃貸借契約、②使用貸借類似の契約のいずれと判断されるかによって異なります。

(1) ①賃貸借契約の場合

　賃貸借契約と判断される場合（例えば、退職者が負担していた使用料が一般の賃料と比較して大差がないケース）、会社は、退職者に対して、6カ月の期間をおいて解約を申し入れる必要があるとともに、明け渡しを求める「正当の事由」が求められます（借地借家法26〜28条）。

　この「正当の事由」についても事案ごとに判断されるため、一概に説明することは難しいですが、社宅は基本的に従業員やその家族が使用することを前提としているため、"退職者であること"は事由の一つになるでしょう。事案によっては、その後に社宅の利用を希望する者の存在、退去条件（猶予期間、経済的負担等）といった事情も考慮されることになると思われます。

(2) ②使用貸借類似の契約の場合

　②使用貸借類似の契約と判断される場合、民法597条2項により直ちに解約した上で、返還を求めることができるのが原則となります。ただし、実務的には、一定の猶予期間を設けて明け渡しを求めるのが現実的

でしょう（明け渡し訴訟を提起するとなれば、裁判費用はもちろん、一定の裁判期間を要します）。この猶予期間については、文献により見解が分かれますが、実務ではおおよそ1〜3カ月とされているようです。

　なお、ご質問では、そもそも労働契約終了の効力は争われていませんが、実務では、会社が従業員を解雇し、従業員がその解雇の効力を争っている最中に、会社が社宅からの退去を求める、といった事案も見られます。こうしたケースでは、まずは解雇による労働契約関係終了の効力が確定しなければ、事実上、社宅の明け渡しに関連する問題も解決しないことが多いと思われます。

3 — 退職と競業避止義務

Q8 競業避止義務を課す際、どのような点に留意すべきか

昨今、労働市場の流動性が高まってきていますが、当社でも、特に若手〜中堅層の退職者が多くなっており、その中には、在職中、中心戦力として機密情報に触れ、重要な顧客を担当していた者もいます。彼らが競合他社に就職するようなことがあれば、当社としては二重のダメージを負うことになります。これを制限する（競業避止義務を課す）際の留意点を教えてください。

 ①競業避止義務を課す必要性（企業秘密や会社独自のノウハウなどの守るべき利益の有無）、②範囲の合理性（従業員の地位、地域的な限定、存続期間、競業の範囲）、③代償措置の有無が問題となる

[1] 競業避止義務の意義

一般に、競業避止義務とは、従業員（退職者を含む）が、会社と競業する事業を行うこと（競業する事業者に雇い入れられることを含む）を差し控える義務のこととされています。この義務の目的としては、会社のノウハウ等の秘密保持や顧客流出の防止が主なものとして挙げられます。

競業避止義務は、在職中の従業員について問題になることはもちろんですが、実務的には、従業員の退職後、競合他社への就職や競合他社の開業を行った場合に、「退職金の減額・没収」「損害賠償請求」「競業行為の差し止め請求」の可否との関連で問題になることが多く見られます。なお、退職後については、労働契約の存続中のように一般的な競業避止義務を認めることはできず、労働者の職業選択の自由との関係で、競業

避止義務による「退職金の減額・没収」などの措置の法的根拠と合理性を問題ごとに吟味する必要があるとされています（以上、菅野和夫『労働法　第12版』[弘文堂] 159ページ）。

[2] 競業避止義務の限界
(1) 競業避止義務の有効性を判断する要件

　退職者については、既に労働契約が終了しているため、労働契約の付随的な義務としての競業避止義務は認められず、原則として、退職時の誓約書等、義務を課す「明示の根拠」が必要です。もっとも、退職者の競業行為が、社会通念上自由競争の範囲を逸脱した違法な態様であった場合には、例外もあります（三佳テック事件　最高裁一小　平22.3.25判決）。

　退職者の競業避止義務が有効となるには、明示の根拠のほかにも、以下の要素により判断される「競業避止義務の内容の合理性」が要件となります。

---

①競業避止義務の必要性（会社の利益）
②競業避止義務を課している範囲の合理性
　・競業避止義務を課す従業員の職位の高低
　・地域的な限定
　・競業避止義務の存続期間
　・禁止される競業の範囲
③代償措置の有無

---

(2) 実務上の留意点

　①必要性については、機密情報や会社独自のノウハウなど、守るべき利益の有無が問題となります。②範囲の合理性としては、「全社員一律に義務を課している」「競業行為を禁止する地域を全く限定していない」「存続期間が長期に及ぶ」「禁止する競業行為が限定されておらず、競合他社

への転職等をすべて禁止している」ようなケースでは、競業避止義務の有効性が否定される可能性が高いでしょう（存続期間としてはおおむね2年が合理性の肯定・否定の分水嶺になると考えられます）。また、実務上は、退職金の上乗せや独立支援等の③代償措置も検討する必要があります。

　なお、競業避止義務違反がある場合でも、会社が希望する措置は、退職金の減額・没収や損害賠償請求、競業行為の差し止め請求と事案ごとに異なります。それぞれの措置で、退職者の職業選択の自由に対する制約の種類や度合いも違いますので、場合によっては、競業避止義務の有効・無効の判断が分かれることもあり得ます（本章 Q10、11 等参照）。

Q9 競業避止義務を課す場合、就業規則の規定とは別に 個別に合意書を取り交わす必要があるか

当社では、退職して競合他社に転職する者に対して、地域や年数を限定しての競業避止義務を設定し、企業秘密の保持を図ろうと考えています。この場合、就業規則に競業避止義務の条項を規定するだけで足りるのでしょうか。それとも、退職者と個別に合意書を取り交わす必要があるでしょうか。

 退職者への競業避止義務を課す明示の根拠として就業規則に規定することも可能ではあるが、個別に合意書を取り交わすほうが、より認められやすくなる

[1] 競業避止義務の根拠としての就業規則

競業避止義務については、在職中は労働契約における会社の利益を害さないための付随的義務として当然に認められますが、退職者についても、一定の要件の下で認められます。ただし、退職者に対しては、会社の規則や、従業員との個別の合意といった明示の根拠を必要とするのが原則です。

この明示の根拠については、就業規則で規定することが可能とされています（東京リーガルマインド事件　東京地裁　平7.10.16決定等）。同事案では、「労働契約終了後の競業避止義務の負担は、それが労働契約終了後の法律関係である一事をもって就業規則による規律の対象となり得ること自体を否定する理由はな」いとしつつも、「就業規則……によって労働者に労働契約終了後の競業避止義務を一方的に課することは、……原則として許されず、労働者の職務内容が使用者の営業秘密に直接関わるなど、……使用者の保護に価する秘密に関わるものであるため、使用者と労働者との間の労働契約関係に、労働者が職務遂行上知った使用者の秘密を労働契約終了後であっても漏洩しないという信頼関係が内在

し、労働者に退職後まで競業避止義務を課さなければ使用者の保護されるべき正当な利益が侵害されることになる場合において、必要かつ相当な限度で競業避止義務を課するものであるときに限り、その合理性を肯定することができ」るともしており、比較的厳しい要件を課しています。なお、合理性の判断については、従業員への代償措置や賃金、退職金、その他の労働条件の改善状況が存在するかを考慮の対象としています。

[2] 従業員と個別に合意することの意味

就業規則で退職後の競業避止義務を設定することは可能なものの、就業規則は会社が従業員の意向を離れて作成し得るものであって、従業員への拘束力という点では、会社と従業員との個別の合意によるほうが、競業避止義務がより認められやすくなると思われます。

従業員の個別の合意は、大別して、「就職時の合意」と「退職時の合意」とに分かれます。ただし、現実的には、競業避止義務の有効性の判断要素である代償措置の必要性やその金額は、退職者が在籍中にどのような地位に就き、どれほどの処遇を受けてきたか、どのような職務を遂行してきたかによって変わる要素ですので、退職時の合意のほうが、退職者ごとに個別具体的なものであることが多いでしょう。これに対して就職時の合意は、就業規則上の競業避止義務条項の確認を行うという内容になるのが一般的であり、その分、就業規則（あるいはそれが引用する諸規程）において、ある程度、具体的に競業の範囲（競業避止義務を負う職位、地域、期間等）を規定しておくのも、有効な施策の一つと思われます。

なお、念のために述べますと、個別に合意をした場合であっても、競業避止義務の効力が否定された例が決して少なくないことには注意を要します。

Q10 競業避止義務に違反した者の退職金を不支給にできるか。また、返還させることは可能か

先日、当社で中心的な役割を果たしていた従業員が退職し、その直後に、ライバル企業に転職しました。当社としては、その退職者の退職金を不支給とするか、せめて5割程度に減額したいのですが、法的に可能でしょうか。また、既に退職金を支給している場合、返還させることはできるでしょうか。

退職金不支給等の根拠規定がある場合、退職までの経緯や会社が被る損害の程度などに照らして、その効力が判断される。競合他社への転職が退職直後であることから、不支給等は比較的認められやすい

[1] 退職金不支給・減額条項の意義

退職後の競業避止義務が問題となる場合の一つとして、ご質問のケースのような退職金の不支給・減額や返還請求（以下、退職金の不支給等）の有効性に関するものがあります。

退職後に競業避止義務に違反した者に対して損害賠償請求をする場合は、会社の損害の有無や程度の主張・立証が難しいのですが、退職金の不支給等は、就業規則等の定め方（退職金不支給等の条項）によって、会社が主張する不支給・返還等の範囲が明確であることから、有用とされています。ただし、退職金は、賃金の後払い的性格や功労報償的性格を有すると解されるのが一般であり（菅野和夫『労働法　第12版』［弘文堂］439ページ）、仮に、退職後に競業避止義務違反があり、それに該当する退職金不支給等の条項が就業規則や退職金規程等にあるからといって、一概に退職金の不支給等が可能となるわけではありません。

なお、退職者への退職金の不支給等を有効にするには、原則として、就業規則等にその根拠規定があることが必要と考えるべきでしょう。つまり、退職金が持つ賃金の後払い的性格に鑑みれば、退職金不支給等の

法的根拠としては、就業規則によるのが法理に合うでしょう（労基法89条は、退職金の定めをする場合、退職金の支給方法等に関する事項を就業規則に記載しなければならないとしています）。ただし、退職者の行為が著しく信義に反する場合には、退職者による退職金の請求自体が権利濫用に該当するという例外も認められるところです（ピアス事件　大阪地裁　平21. 3.30判決）。

[2] 退職金不支給等の条項の効力

　[1] のとおり、会社が退職金不支給等の条項を規定していたとしても、ご質問のケースで退職者の退職金を不支給とすることができるとは限りません。

　まず、最高裁判例である三晃社事件（最高裁二小　昭52. 8.9判決）は、転職が退職後ある程度の期間内にされたことを要件としつつ、退職金を一般の自己都合退職の場合の半額とする旨の条項に基づき、退職金の減額を有効としています。一方で、退職金の全額不支給が争われた中部日本広告社事件（名古屋高裁　平2. 8.31判決）では、競業避止義務を定めた規定の必要性、退職の経緯・目的、会社の被った損害など諸般の事情を総合的に考慮し、労働の対償である退職金を失わせることを相当とする顕著な背信性が認められる場合に限って不支給とすることができるとして、退職金の不支給を否定しています。

　以上を考慮すると、ご質問のケースでは、会社に退職金不支給等の条項が存在するのであれば、競合他社への転職が退職直後であることから、退職金不支給等は比較的認められやすいと思われます。ただし、実際には、退職までの経緯（会社側に、退職に追い込んだような事情や適法でない人事措置がないか）や、競合他社への転職により会社が被ると予測される損害の程度等にも照らして、不支給等の効力が判断されることとなります。なお、退職金不支給等の条項がない場合には、原則として、退職金の不支給等は難しくなるでしょう。

Q11 退職後の競業避止義務に違反した者に対し、損害賠償や競業行為の差し止めを請求できるか

先日、当社の部長職の従業員が、退職直後にライバル会社に転職し、同時期に、その者が担当していた顧客の一部が当社との取引を終了しました。また、その退職者は当社の販売戦略上の秘密を知っており、今後、それを活用して、当社の先手を打つ戦略を取るかもしれません。そこで、損害賠償を請求するとともに、競業行為の差し止めを請求したいのですが、可能でしょうか。

 在職中の地位が高い場合、損害賠償請求が認められる可能性も高くなる。一方で、競業行為の差し止めは、退職者の職業選択の自由を直接侵害する措置であることから、請求が認められるのは限定的

[1] 退職後の競業避止義務の有効性

第3章や第5章でも説明したとおり、退職者に競業避止義務を課すには、原則として明示の根拠（就業規則、合意書等）があることを前提に、①競業避止義務の目的、②従業員の退職前の地位、③競業が禁止される業務・期間・地域の範囲、④会社による代償措置の有無等の要素により、問題となった退職者との間の競業避止義務の内容が合理的なものであることが必要です。もっとも、ご質問のケースで会社が考えている措置（損害賠償請求、競業行為の差し止め請求）は退職者に及ぼす影響が異なり、それぞれに応じた考慮が必要になるので、個別に検討していきます。

[2] 損害賠償の請求

まず、損害賠償の請求について考えると、競業避止義務と従業員の職業選択の自由との関係が問題となります。近時の裁判例では、一般的に、在職中の地位が高い者は営業上の秘密に接することが多く、それなりの

処遇を受けてきたことも多いため、損害賠償が認められる可能性が高くなります（店長であった者に対する損害賠償請求を認めたヤマダ電機〔競業避止条項違反〕事件〔東京地裁　平19.4.24判決〕、一般社員について損害賠償請求を否定したものとしてリンクスタッフ事件〔大阪地裁　平28.7.14判決〕等があります）。

　また、「損害」の立証は必ずしも簡単ではありません。例えば、カナッツコミュニティほか事件（東京地裁　平23.6.15判決）では、競業行為により契約が解約されたとして、取引案件の2年分の粗利を損害額として請求したのに対し、契約が解約自由であることや取引先の会社に対する不満なども解約に影響していることなどを考慮して、請求の1割のみを損害として認定しています。

[3] 競業行為の差し止め請求

　競業避止義務違反の競業行為自体を止めさせる差し止め請求については、退職者の職業選択の自由を直接侵害する措置であることから、裁判例は、競業制限の合理的理由があり、合理的な範囲（期間・活動、等）内での競業制限特約が存在する場合のみ、その特約を根拠として可能となるとしています（菅野和夫『労働法　第12版』〔弘文堂〕160ページ）。

　著名な裁判例として、東京リーガルマインド事件（東京地裁　平7.10.16決定）を紹介します。これは、司法試験受験予備校がその講師との間で退職後2年間の競業避止義務を規定していた事案です。この事案では、競業行為を禁止する合理的な理由が疎明されておらず、競業禁止の場所の制限がないなど、目的達成のために取られている競業行為の禁止措置が必要最小限度とはいえず、競業避止により従業員の受ける不利益に対する十分な代償措置を取っていないことを理由に、競業避止義務規定を無効とし、競業行為の差し止め請求が却下されました。

　本件でも、退職者がどの程度の秘密を知り得ており、その利用を防ぐにはどの程度の期間、地域において競業を防ぐ必要があるのか、が問われることとなるでしょう。

Q12 従業員の引き抜き行為をした退職者への損害賠償請求は可能か。また、引き抜きの時期による違いはあるか

以前退職した者が引き抜き行為をした結果、当社の他の従業員が退職するに至りました。このような引き抜き行為をした退職者に対して損害賠償を請求したいと考えていますが、可能でしょうか。また、引き抜き行為の時期が退職前と退職後の場合で、違いはあるのでしょうか。

 引き抜き行為が通常の勧誘行為の範囲内にある限り、法的には特段制限されるものではなく、損害賠償請求はできない。在職中の引き抜き行為は、一般的に、労働契約上の誠実義務に反する行為として社会的相当性が認められない方向に評価される

[1] 引き抜き行為の違法性

実社会では、退職した者が起業した際に、元の会社の従業員を勧誘して自社に移籍させる、あるいは他社に転職した者が同僚を自らの転職先に勧誘し、同僚がそれに応じて転職するというケースがあり、このような行為は、一般的に「引き抜き行為」といわれます。

この引き抜き行為が通常の勧誘行為の範囲内にある限りは、法的には特段制限されるものではありません（ジャクパコーポレーションほか1社事件　大阪地裁　平12. 9.22判決）。もっとも、社会的相当性を逸脱した方法で引き抜き行為をした場合には、労働契約上の誠実義務に違反するものとして債務不履行または不法行為責任が成立します。

また、会社が社会的相当性を逸脱した方法で競合他社の従業員を引き抜いた場合は、その会社が不法行為責任を負うこともあります。例えば、営業本部長に在任していた退職者が、競合他社と通じて、自分の部下を組織的に、一斉かつ大量に引き抜き、あらかじめ準備していた事業所にて営業を開始させた後、元の会社に退職届を郵送させた事案（ラクソン

事件　東京地裁　平3.2.25判決）では、社会的相当性を逸脱した勧誘として、営業本部長と競合他社は損害賠償責任を負うとされました。

[2] 引き抜き行為の時期による違い

　引き抜き行為の問題性という点では、引き抜き行為をする者が在職している時点から、退職後の自らの起業や転職先のために、在職中の会社の従業員に転職を勧誘するような行為は、一般的に、労働契約上の誠実義務に反する行為として社会的相当性が認められない方向に評価されるでしょう（会社に損害が生じているかどうかは別とします）。しかし、退職後、しばらくたってから元いた会社の個々の従業員に転職を勧誘する行為は、原則として自由になし得ると考えられます。

[3] 会社側の対応

　引き抜き行為が違法である場合、引き抜き行為をした退職者や会社に対し、損害賠償を請求できることは **[1]** のとおりです。ただし、仮に損害賠償請求ができたとしても、従業員が引き抜かれたことによる実際の業務への打撃は補塡できないのが現実です。

　したがって、退職者が1人出たことにより、さらに続けて引き抜かれないような職場づくりをすることが肝要ですし、それには、常に従業員とコミュニケーションを取り、不満や不安を聞きつつ、改善策に取り入れること（少なくともその姿勢を持つこと）が必要です。こうした従業員の声の吸い上げは、やはり、トップダウンだけの組織では限界があるのが通例であり、各自の役割が明瞭である上で、双方向的な組織が、こうした引き抜き行為に対する耐性も強くなると思われます。

円満退職に向けた
従業員との関わり方

第7章

退職してほしい従業員への対応（円満退職に向けて）

1 はじめに

　本章において、「円満退職」とは、会社と従業員との間で話し合い、両者納得の上で合意退職することを指すこととします。これを前提に、以下では、会社にとって円満退職とすることのメリットと、円満退職に向けて退職勧奨をする場合の留意点を論じます。

2 円満退職のメリット

[1] 退職の効力の確定

　円満退職がなされた場合には、両者納得の上で退職の合意に至っているため、意思表示の瑕疵はなく、退職の効力が法的に確定することになります［図表7-1］。これが、円満退職を行う一番のメリットとなります。

　円満退職がなされない場合、会社にとって退職してほしい従業員に対して解雇や雇止めを行う、あるいは休職中であれば休職期間満了による退職を待つしかありません。

　そうなると、解雇の場合は解雇権濫用法理（労契法16条、17条）、有期雇用の雇止めの場合は雇止め法理（労契法19条）が適用され、また休職期間満了による退職の場合は復職の可否が争われることになります。

　裁判例上、解雇や雇止め（有期労働契約で労働者が更新への合理的期

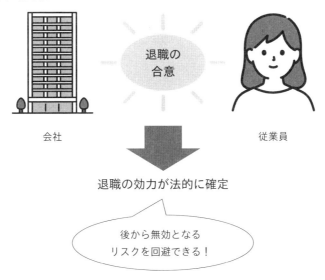

図表 7-1 円満退職のメリット

待を有している場合等〔労契法19条〕）は法的に簡単に認められるとは限らず、休職期間満了による退職であっても、第1章で論じたとおり、軽易な業務に従事させることが可能なまでは回復しており、復職後相当期間内に従前の職務を遂行し得る状態に回復することが見込まれる場合には、退職は無効となり、復職を認めざるを得ないことになります。

　そうだとすると、円満退職がなされず、会社側から雇用関係を解消することは、必ずしも法的に容易ではなく、いざ解雇等の方法で雇用関係を解消したとしても、無効とされてしまう可能性が否定できません。そして、解雇等が後に無効になった場合のリスク（バックペイの支払いやレピュテーションリスクなど）は、第1章の 4 で論じたとおりであり、会社にとって相当大きなダメージとなります。

　したがって、会社にとって一番のメリットは、円満退職により退職の効力が確定することで、第1章の 4 で論じたリスクを回避できるところにあります。

第7章　退職してほしい従業員への対応（円満退職に向けて）

[2] 退職後のトラブルの防止

　従業員の退職後であっても、第5章でそれぞれ論じたとおり、競合他社への転職、機密情報の持ち出し・漏洩等、会社にとって不利益な行動に対応する必要が生じることがあります。従業員の退職に際しては、会社と従業員との間で信頼関係が毀損もしくは希薄化する何らかの出来事があることが少なくありませんが、それでも円満退職となった場合には、退職という究極の場面で話し合い、両者納得の上で退職するわけですので、その意味では、一定の信頼関係は残っているといえます。

　そのため、円満退職した従業員は会社に対する悪感情までは抱いていない（少なくとも、解雇等の場合よりは悪感情は少ない）と考えられますので、SNS等によって（SNS等に限らず口頭によっても）誹謗中傷等の名誉毀損を内容とする投稿（発言）がなされる可能性は低くなるといえ、会社の名誉・信用が毀損されるリスクも低いと考えられます。

　円満退職に至る話し合いの過程では、お互いに要求を出し合うことが通常です。会社として、競合他社への転職や機密情報の持ち出しを懸念している場合には、退職後の競業避止義務、秘密保持義務についての合意が行われることになります（本章の円満退職の定義では、両者の納得があることが前提のため、会社の懸念点についての合意が成立しなければ、円満退職とはいえません）。また、従業員側が未払い残業代があると考えている場合には、円満退職に向けた話し合いの中で、未払い残業代について言及しようとする可能性が高いですが、円満退職では、話し合いによる解決が図られることになり、退職後に従業員ないし従業員の代理人が未払い残業代の請求を行う可能性は低いといえます。

　このように、円満退職のメリットとしては、退職の効力が確定するのみならず、退職後のトラブルも未然に防止することが可能である点が挙げられます。言い換えれば、円満退職を図る場合には、残存する権利義務（残業代請求等）の有無・内容を巡って後に紛争とならないように、お互いに未解決の権利義務関係がないかを確認し、あるならばそれも可能な限り解決した上で、合意退職を行うのが妥当といえます。

3 円満退職に向けて実践しておくべきこと

　前述のとおり、退職は解雇に比較して大幅に法規制が少なく、円満退職となれば解雇等により後にトラブルとなるリスクも防ぐことができます。そのため、会社がある従業員との労働契約を終了させたい場合、従業員と退職の合意に至るために、会社側から退職勧奨を行うケースが珍しくありません（退職勧奨の意義・方法については後述 4 参照）。もっとも、従業員にとって、労働契約関係の終了は大きな問題ですので、単純に退職を勧告しても従業員がこれに直ちに応じる場合はそう多くはなく、退職勧奨に至るまでのプロセスが重要となります。

　この場合、当該従業員に退職してほしい理由（もっと言えば、その会社での就業に向いていない理由）を認識・自覚してもらうことが有効です。そのためには、日常の労務管理が重要になります[**図表 7-2**]。例えば、ある従業員が職場の秩序違反に該当するような場合（業務命令違

図表 7-2　退職勧奨に至るまでに実施すべきこと

Point

**退職勧奨に至る前に、日常の労務管理を
きちんと行っていくことが重要**

例えば、勤怠不良等の問題行為がある場合…

・問題行為の具体的内容を指摘する（できれば「5W1H」で）

・注意・指導を行う（できれば、書面や社内メール等の形に
残る方法で）

・それでも改善されなければ、懲戒処分を科す

上記のように手順を踏み、何が問題なのかを
従業員に認識・自覚させる

反、勤怠不良、協調性の不足等）、その従業員の問題行為の具体的内容（できれば「5W1H」で）を指摘の上で、明瞭に（できれば、書面や社内メール等の形に残る方法で）注意・指導を行い、それでも改善されない場合には、懲戒処分を科すという手順が必要となります（この場合も、その従業員の問題行為の内容にもよりますが、いきなり出勤停止等の重い懲戒処分を科すのは法的にリスクがあるため、最初は譴責や減給といった軽度の懲戒を科すのが妥当です）。こうした手順を踏み、職場での適性の無さを従業員にある程度認識・自覚させた後であれば、退職勧奨で合意に至る可能性がより高まるといえます。

4 退職勧奨の方法と留意点

[1] 退職勧奨とは

　退職勧奨とは、一般に、労働契約の合意解約のために、会社から従業員に対して、労働契約終了に向けての自由意思の形成を働き掛ける（多くの場合、説得する）行為と解されています。退職勧奨自体は、多くの場合、何らの法律効果を生じません。しかし、退職勧奨の態様や、その程度によっては、従業員の自由意思の形成を害したとして、退職勧奨による労働契約終了の合意（退職の申し出を含む）が、錯誤（例えば、実際は解雇事由もないのに、退職しなければ解雇になってしまうと思わせられる場合）によるものや強迫によるものだったとして、従業員側から取り消し得ることもあります（民法95条、96条）。そこまで行かなくても、不法行為を構成し、当該従業員に対する損害賠償責任を生じさせるため、注意が必要です（菅野和夫『労働法　第12版』［弘文堂］752ページ）。また、一度、退職勧奨に応じたとしても、従業員側から撤回の主張を受けることもあります。そこで、以上を踏まえて退職勧奨の具体的な留意点を次の [2] 以下で解説します。

[2] 具体的な留意点

(1) 威迫、錯誤による退職取り消しの回避

　強度に威圧的な言動（直接的な暴行によるもの、怒号、物の投げつけ、多人数による圧迫等）、あるいは退職しなければ避けられない大きな不利益（解雇等）があるなどといった錯誤を従業員に生じさせるような言葉遣い・内容による退職勧奨は、前述のとおり、不法行為を構成するだけでなく、その程度によっては、労働契約終了の合意があったとしても、従業員の側から取り消し得ることもあります（民法95条、96条）。特に、「退職勧奨に応じなければ解雇になる」という言辞を用いることには、注意が必要です（詳細は第9章Q1参照）。もし懲戒解雇を検討していたとしても、「重い懲戒処分になる可能性がある」といった程度の告知にとどめるべきです。

(2) 執拗、威迫的な退職勧奨との判断の回避

　退職勧奨は、あくまで、「勧奨対象となった労働者の自発的な退職意思の形成を働きかけるための説得活動であるが、これに応じるか否かは対象とされた労働者の自由な意思に委ねられるべきものである」（日本アイ・ビー・エム事件　東京地裁　平23.12.28判決）とされていることから、社会的相当性を逸脱した態様での半強制的または執拗な勧奨行為は、その退職勧奨自体に違法性が認められ、従業員からの損害賠償請求の原因となることがあります。その違法性は、事案ごとに判断するよりほかにありませんが、短期間で頻繁に退職勧奨を繰り返す場合、あるいはその言辞が威圧的な場合、明白に退職勧奨を拒否しているにもかかわらず何度も繰り返される場合、といった状況では、違法となる可能性が高いと思われます（詳細は、第9章Q2等を参照）[1]。

　"大声で怒鳴る""机を叩く"などの言動はもちろん、長時間に及ぶ面

---

[1]　退職勧奨行為の違法性を肯定した裁判例としては、下関商業高校事件（最高裁一小　昭55.7.10判決）等、否定した裁判例としては、本文掲載の日本アイ・ビー・エム事件等があります。

談を繰り返すことなどは慎むべきであり、あくまでも冷静に、従業員との話し合いを進めることが重要です。

(3) 退職勧奨に応じた従業員からの退職申し出の撤回

　実務では、退職勧奨にいったんは応じて退職申し出をした従業員が、後にそれを撤回するという事象も見られます。したがって、会社としては、退職勧奨に従業員が応じた場合、その撤回により退職の効果がなくなるということがないように、人事権限を有する者による退職受理の意思表示を、速やかに従業員に対して行っておくことが妥当です。この点の具体的内容については、第1章や第4章Q8等を参照して下さい。

(4) 清算条項について

　退職勧奨を行う場合は、単に会社と従業員との間で、労働契約関係の終了の確認をするだけでなく、それまでの債権債務関係の不存在について合意することがあります。これは、従業員の退職までは、会社と従業員は労働契約関係においてお互いに権利・義務を有していますが（代表的なものとして、従業員側から見れば賃金債権と労務提供の義務を、会社から見れば賃金支払い債務と労務提供を命じる権利を有しています）、退職に際して、会社と従業員との間に残る権利義務関係が残っておらず、今後も生じないことを確認するものです。合意書において合意する場合には、一般に、清算条項と呼ばれます。例えば、「会社と従業員との間には、一切の債権債務関係がないことを確認する」といった条項がこれに当たります。

　しかし、この清算条項の合意は、従業員が既存の権利を有する場合には（例えば未払い残業代等）、それを失うことを意味しますので、司法判断に至った場合、その有効性については、慎重に判断されることがあります（率直なところ、裁判官にもよるところではあります）。したがって、こうした清算条項の合意を行う場合には、実務においては、合意書を手交して自署（押印）させるだけでなく、合意書をできるだけ逐条的

に読み上げ、清算条項の意味も説明することが望ましいと思われます（無論、従業員の知識の程度にもよります）。

(5) 私傷病者や妊娠中・育児休業中の者への退職勧奨

退職勧奨の対象者として、実務上、問題になることが特に多いのが、私傷病者や妊娠中・育児休業中の者です（もちろん、それ以外の者が対象になることもあります）。

このうち、まず私傷病者については、特にその病気がメンタルに関するものである場合、退職勧奨自体が対象者に精神的負荷をかける性質のものとされていますので、退職勧奨により病気を悪化させるリスクがあることを認識しておく必要があります（厚生労働省「心理的負荷による精神障害の認定基準について」〔平 23.12.26　基発 1226 第 1、最終改正：令 2.8.21　基発 0821 第 4〕の別表「業務による心理的負荷評価表」において、退職の強要が具体的出来事として挙げられています。詳しくは第3章 **[図表 3-7]** 参照）。そのため、例えば、退職勧奨の対象者が産業医面談に応じたことがあるならば、産業医に、退職勧奨の可否やその方法・程度について所見を尋ねることも有用です。

次に、妊娠中・育児休業中の者への退職勧奨ですが、まず、男女雇用機会均等法9条3項は、事業主による労働者の妊娠などを理由とする解雇、その他の不利益な取り扱いを禁止していますが、この「不利益な取り扱い」の中には、退職の強要も含まれます[2]。また、育児介護休業法10条は、事業主による労働者の育児休業の取得を理由とする解雇、その他の不利益な取り扱いを禁止しており、退職勧奨は、この「不利益な取り扱い」に含まれます[3]。したがって、妊娠中・育児休業中の者に対する

---

2 「労働者に対する性別を理由とする差別の禁止等に関する規定に定める事項に関し、事業主が適切に対処するための指針」（平 18.10.11　厚労告 614、最終改正：平 27.11.30　厚労告 458）

3 「子の養育又は家族の介護を行い、又は行うこととなる労働者の職業生活と家庭生活との両立が図られるようにするために事業主が講ずべき措置等に関する指針」（平 21.12.28　厚労告 509、最終改正：令 3.9.30　厚労告 366）

退職勧奨は、退職の強要に当たらないように、くれぐれも言葉を慎重に選んで説明しなくてはなりません。そのため、実務上では、よほどにその従業員が退職に合意するのに合理的な理由（会社の経営がかなり厳しい状況にある、本人の就業ぶりに問題があった等）と、その丁寧な説明が必要になることが多いです。

[3] 実効的な退職勧奨とするための準備、面談・記録の仕方
(1) 退職勧奨の準備
　会社の退職勧奨は、従業員から退職についての同意を得て初めてその意味（合意退職）が生じることから、従業員に対して、退職に同意してもらえる程度の説得力が必要です。そのためには、
①まずはどのような言葉で退職を勧めるか
②それに対して、従業員からどのような反論、反応が考えられるか
③さらにどのような言葉で、退職の判断をするように勧めるか
——といった、いわゆる想定問答の準備が必要となります。

　特に①においては、会社として、なぜ対象者に退職を勧めることとなったのか（当該職場での就業にどんな理由で向いていないのか）、また、退職がどのように対象者にプラスになり得るのか、といった点について説明する必要があります。その場合、単に、向いていない職場での就業を継続するより転職したほうが対象者にとってプラスになるということを説明するだけではなく、他のプラスとなる退職条件（多くの場合、経済的なプラス面として、退職加算金、転職支援会社の紹介、転職支援期間の設定）を用意した上で、その説明を行うことも、状況によっては必要になってくると思われます [図表7-3]。

(2) 面談・記録の仕方
①面談の人数、切り出し方（シナリオ）、一般的な内容
　退職勧奨の面談については、威圧的にならないように、多人数で面談に及ぶことは避けるべきです（2名程度が一般的です）。面談においては、

図表 7-3　退職勧奨の事前準備や面談で気を付けるべきポイント

<table>
<tr><th>事前準備</th><th>面　談</th></tr>
<tr><td>退職金の金額、残年休日数など、既存の労働条件の確認</td><td>多人数での面談は避ける（通常は 2 名程度）</td></tr>
<tr><td>家族の就業状況、子どもの年齢・就学状況など対象者の身の上の状況の確認</td><td>面談の内容を記録・録音しておく（将来的な紛争の防止）</td></tr>
<tr><td>なぜ自社での就業に適さないのかについて、ある程度具体的に説明できるように</td><td>"大声で怒鳴る""机を叩く"など威圧するような言動をしない</td></tr>
<tr><td>退職加算金や転職支援期間等の用意</td><td>長時間に及ぶ面談を繰り返すことはしない</td></tr>
</table>

一方的に退職を勧めるのではなく、対象者の立場も考慮し、
向いていない仕事・環境で就業を続けることは
"本人にとっての利益にならない"という姿勢が望ましい

一般的な切り出し方をあらかじめ用意しておくのが妥当ですが、多くの
場合は、後述の退職勧奨の趣旨から入ると思われます。もっとも、面談
は、導入部においても、最終的には面談対象者の個性（業務内容、実績、
行動傾向等）を見ながら、適宜修正が必要となります。

　面談においては、主に、退職勧奨の趣旨（一般的なセカンドキャリア
制度の実施によるものなのか、企業経営の苦境による人件費・従業員削

減の必要によるものなのか、など）や退職条件の説明が共通的な内容となりますが、実務上、面談対象者から多く見られる反論として、「なぜ私が対象者なのか」（特に、人件費・従業員削減の必要による退職勧奨の場合）という問いがあります。この場合、会社側の対応として、退職勧奨の対象者とした理由が一般的な属性（年齢、部署等）によるものなのか、勤務態度や貢献度、適性（考課実績、勤怠、業務内容、技能等）によるものなのか、また、特に貢献度や適性によるものの場合、具体的に対象者のどのような実績、業務内容により対象者と判断されるに至ったのか、といった説明をできるようにしておく必要があります（詳細は、第9章Q8参照）。

この点で、日常の労務管理、殊に適切な考課とそのフィードバックがなされていると、対象者への納得性も高くなる場合が多いです。

最後に、よくある質問として、退職勧奨に応じた者に対する退職加算金等の優遇措置に関するものがあります。これはまさに、個別事案により千差万別となりますが、一般に、最悪の場合に解雇に踏み切らざるを得ない材料が多い場合（例えば、経営状況が思わしくなく、整理解雇の必要性が高い場合、あるいは個別の従業員につき、指導等を尽くしたにもかかわらず改善の見込みが立たなかった場合など）には、優遇措置の必要性の度合いは低くなり、そうでない場合には高くなることとなります。

②面談の記録

面談の後（さらには、退職した後）になって、退職者より「威圧的な面談だった」「無理やり退職に追い込まれた」などと主張されることも実務では見られますので、面談の内容を記録しておくことが妥当です。面談対象者に告知の上、録音することも方法としてはあり得ますが、面談対象者が希望した場合には、録音データを提供することも必要になると思われます（一方的にデータを保有することは公平に欠くと思われます）。なお、最近の実情として、面談対象者の側は、会社に告知すること

なく録音していることが多く見られますので、会社としては、そのつもりで、面談での言動に留意する必要があります(詳細は第9章Q3参照)。

第**8**章

早期退職募集と希望退職
募集における留意点

1 早期退職募集と希望退職募集

　退職勧奨は、会社から個人の従業員に行われる場合のほかに、集団としての従業員全体に対して行われることがあります。一般に、広義の意味で「希望退職募集」と呼ばれる場合がそれに当たり、大別して、❶早期退職募集（早期退職優遇制度の適用を含む）、❷（狭義の）希望退職募集（以下、単に「希望退職募集」といいます）、の二つに分けて考えるのが妥当です。

　早期退職募集と希望退職募集との違いは、❷ 以下で詳述することとし、ここでは、集団的な退職勧奨としての早期退職募集・希望退職募集と、個人への退職勧奨との違いや、その留意点について簡単に述べます。

　まず、早期退職募集と希望退職募集は、個人の退職勧奨の場合と異なり、従業員全体に対して行われるので、手続きや退職条件等について、事前に策定した方針、基準に沿って行うことが現実的となります [**図表8-1**]。つまり、事前に手続き（退職募集施策の内容や実施理由の説明から、退職応募期間、従業員との面談等まで）、退職応募資格者の範囲、退職条件といった施策の内容を策定し、さらには、効果的にこれを実施するために、想定される退職者との質疑応答（想定問答）も作成しておく必要があります。個人への退職勧奨の場合でも事前の準備（特に想定問答等）は必要ですが、早期退職募集や希望退職募集の場合、施策が進ん

図表 8-1　個人に対する退職勧奨と、集団的な退職勧奨の違い

個人に対する退職勧奨	集団的な退職勧奨 （早期退職募集、希望退職募集）
・想定問答等の準備は必要だが、柔軟に、状況に応じて対応を考えつつ手続きを進める ・個別の対応となるため、従業員間の公平性はそこまで問題にならない	・多くの従業員を相手にするため、ある程度具体的に準備をしておく必要がある ・施策の内容面と運用面で公平性が求められる

でから、都度、状況に応じて考えつつ手続きを進めることは、多くの従業員を相手にする施策の性格上、現実的に難しく、事前にある程度具体的に準備しておく必要があります。

　どのような準備が必要かは、それこそ事案によって千差万別ですが、最大公約数的なところをごく一般化すれば、以下のものが準備の出発点として挙げられます。ただし、その一つひとつの具体的な内容は（特に下記③、⑤、⑥）、会社の特性、取り巻く環境、何より業界および一般社会の時代の流れ等を勘案しつつ、事案ごとに慎重に考慮していく必要があります。

①スケジューリング
②新組織・新定員（施策実施後の会社組織とその定員）の予定図
③施策の実施理由を説明するシナリオ（ここは、不幸にして将来訴訟になった場合には証拠として重要であり、慎重に理論構成しておく必要があります）
④退職条件の提示案
⑤想定される状況への対応策（想定よりも多くの募集があった／募

集人数が定員に満たなかった場合、マスコミに情報が流出した場合、外部労働組合に加入した者が出た場合など）
⑥想定問答（退職勧奨の対象者や、労働組合、取引先、場合によってはマスコミ等に対応して）

次に、個人の退職勧奨の場合と異なるところとしては、従業員間の公平性への配慮があります。この公平性は、退職者募集という施策の内容面（退職条件、退職応募資格者の範囲等）で求められる場合と、その運用面（退職応募をしてきた者への適用除外の可否等）で求められる場合とがあります（後述するとおり、特に希望退職募集の場合には、内容面で公平性が求められる度合いが大きく、早期退職募集の場合はそれほどでもないという違いはあります）。いずれにしても、施策の実施が従業員から会社への信頼を傷つけることになれば、施策の目的（端的に言えば退職者の確保、人員削減）を達し得ないのみならず、達成したところで、後の事業活動へのマイナスの影響は避けられないこととなるので、留意が必要です。

2 早期退職募集と希望退職募集の違い

[1] 早期退職募集とは

早期退職募集とは、読んで字のごとく、定年より早期に退職する者を募集すること一般をいいます。早期退職募集は、経営難に鑑みて、人件費削減（人員調整）を目的とする場合もあれば、長期的に見た従業員全体の年齢バランスの調整（高齢者偏在の予防）、あるいは従業員のセカンドキャリアの支援といった目的、さらにはこれらの目的が複合的に合わさった場合が考えられます [図表8-2]。個人への退職勧奨と同様に、従業員側の退職希望を待って、合意退職により労働契約終了の効果を生じさせるものであり、従業員の「希望」を要件とする点で、希望退職募集と類似しますが、退職希望者の応募が会社の想定する人数に達しなかっ

た場合でも、特段、追加の措置は想定されていない点が異なります。

　なお、会社側が退職募集をすることで従業員一般に退職を申し込み、従業員がこれに応募することをもって退職に合意する、と解することも理屈の上ではあり得ますが、その場合、従業員が応募した時点で、退職合意が成立したこととなり、会社の想定を超えた人数が応募した場合にも、そのすべてに早期退職募集による退職合意が生じたり、会社側の最

図表 8-2　早期退職募集と希望退職募集の違い

	早期退職募集	希望退職募集
実施の目的	・経営難による人件費削減（人員調整） ・長期的に見た従業員全体の年齢バランスの調整（高齢者偏在の予防） ・従業員のセカンドキャリアの支援 →さまざまな目的の下に行われる	・主に経営難による人件費削減（人員調整） →予定人員に達しない場合には整理解雇に移行する
実施期間	制度として恒常的に実施することが一般的	短期間で一時的に行う
手続き面での留意点		応募状況によっては整理解雇に移行する可能性があることを従業員に説明する必要がある

終確認（慰留も含め）を待たずに退職合意が生じたりする結果となります。しかし、その解釈では、多くの場合、実態（会社の合理的意思解釈）には沿わないと思われます。

　また、早期退職募集は、一定の期間のうちに、一定の従業員数の人員調整を達成することを予定している希望退職とは異なり、従業員の年齢層の均衡、従業員のセカンドキャリア支援といった目的のものも多く、恒常的な制度として設けられていることがある点も、希望退職との違いといえます。

[2] 希望退職募集とは

　希望退職募集は、早期退職募集と同様に、退職「希望」者を募る措置ではありますが、早期退職募集と違い、一定期間のうちに一定数の従業員の人員調整を行うことを目的としており、会社の想定する一定人数に応募者が足りなかった場合、その不足する人数について、整理解雇（経営上の理由により会社が従業員を解雇すること）の措置に移行することになります（もっとも、実務上は、応募者の人数の不足が少数にとどまる場合は、整理解雇に移らないことも多く見られます）。したがって、その目的としては、会社の経営難への対応のための人件費削減（人員削減）にあることが原則です（なお、企業閉鎖の場合でも、企業所属の従業員を全員解雇する前段階として、希望退職による合意退職を目指す例が少なくありません）。

　希望退職募集は、整理解雇の有効性の判断要素（整理解雇の4要素）の一つである「解雇回避措置」の一手法として行われることが一般であり（詳細は第9章Q14参照）、これを満たすためには、従業員全体に、実質的に公平に、合意退職の機会と退職条件を与えることが必要となります。つまり、解雇回避措置のために希望退職募集を行うのは、希望退職募集によって自発的に退職する者がいればその分、会社が解雇をすることを回避できるからであり、希望退職募集が解雇回避措置として評価されるためには、被解雇者の対象である従業員全体に希望退職への応募の

機会と退職条件を比較的公平に与えることが求められます。したがって、特に留意すべきこととして、希望退職募集が、解雇回避措置の施策として不十分なものであった場合、希望退職募集の次の段階である整理解雇において、その有効性の判断に影響を与える（否定的な評価の方向に働く）ことがあります。

3 早期退職募集と希望退職募集の手続き面での違い

2 のとおり、同じ集団的退職勧奨ともいえる早期退職募集と希望退職募集であっても、その性格には小さくない相違があり、それが手続き面に与える影響には注意する必要があります。

詳細は第9章Q19で述べるのでここでは簡単に触れるにとどめますが、早期退職募集は後の整理解雇を想定していない一方で、希望退職募集はこれを想定していますから、希望退職募集の場合には、退職者募集をする際に、応募状況によっては整理解雇を行う可能性があることを従業員に説明する必要があります。また、希望退職募集では、後段階として整理解雇に至った時のことを考えて、整理解雇の4要素（人員削減の必要性、解雇回避の努力、被解雇者選定の妥当性、手続きの妥当性）を考慮して、早期退職募集の場合と比べて、より丁寧な手続きを尽くすことが必要といえます（実務上は、説明会や質問会の回数、説明資料の丁寧さ、整理解雇に及んだ場合の被解雇者の人選基準の説明有無等に違いが出てきます）。もっとも、早期退職募集、希望退職募集ともに、応募した従業員との間で退職条件についての認識に相違があった場合、後のトラブルに直結しますので、特に退職条件については、書面にて明瞭かつ具体的に（数値を用いつつ）説明するのが妥当です。

また、早期退職募集では、退職応募者（ひいては雇用終了者）をいつまでに何人確保するかの予定が特にないのが一般的ですが（仮にある場合でも整理解雇にまでは踏み切ることが予定されていません）、希望退職募集の場合は、（最悪、解雇によってでも）一定の期限までに一定数の人員削減を行うことが予定されていることが通常ですから、希望退職募集

施策の説明→従業員の応募→応募者が少なかった場合の整理解雇、と
いった施策の流れについて、おおよその時期（スケジュール）を当初よ
り定めておくことが肝要です（もっとも、計画を実行に移す際には、多
少の時間的ずれが見られることも少なくないのが実情です）。

4 退職募集に応募してもらうために

　会社が早期退職募集、希望退職募集の施策を実施しても、従業員側か
らの応募（理解）がなければ、施策の目的は達し得ません。希望退職募
集の場合は、会社としては人員削減という目的を達成するために整理解
雇に移らざるを得ないことがあり、そうなれば、労使間の大きな紛争に
もなりかねません。したがって、早期退職募集にしても希望退職募集に
しても、従業員側の理解を得ることが一番重要といえます。

　一方、従業員にとって、退職の判断とは、自己の生活の基盤を揺るが
す大変なものであるため、従業員の立場からも、退職することに相応の
メリットがあるといえるような場合でなければ、なかなか理解は得られ
ません。そのメリットを認識してもらうためには、直接的には退職加算
金を支給するなど、優遇措置を設けることが必要となりますが、間接的
には、会社にとどまる場合、残念ながら、対象となる従業員が社内で活
躍し得るポスト、環境がなくなりつつあること、その原因として、会社
の経営状況の実情、あるいは当該従業員において見られる問題点等を説
明するなど、会社が認識している実情を率直に伝え、その従業員にも最
大限考慮した退職条件を用意していることを理解してもらうプロセスが
必要となります。すべての従業員から理解、納得が得られるとは限りま
せんが、そうした丁寧な手続きを尽くすこと自体、一人でも多くの理解、
納得を得ることにつながり、紛争の生じるリスクをより減少させること
になります。また、そうした手続きを尽くしていたことは、不幸にして
紛争に至った場合（例えば、希望退職募集の後の整理解雇の有効性につ
いて紛争に至った場合）でも、会社の人事措置の法的有効性を高めるこ
ととなります。こうした丁寧な対応が、従業員側の、「会社がこれだけ

やってくれているなら、争うよりも円満に解決しよう」という姿勢を引き出すことにもつながります。

第9章

事例で見る トラブルを防ぐ
退職のマネジメント

▶Q1〜4

1─ 退職勧奨の意義と、実施時の留意点

Q1 勤務態度等に問題のある従業員に対して
退職勧奨を行う際、どのような点に気を付けるべきか

　当社の従業員で、仕事の意欲がなく、何度指導しても業績が上がらず、上司の命令にも素直に従わない者がいます。当社としては、本来であればこの従業員を解雇したいところですが、解雇となると、裁判になった場合に法的に無効となるリスクがあるので、できれば、退職勧奨により退職してもらいたいと思っています。手始めに、最低限、どのような点に気を付けなければならないのか、教えてください。

 退職勧奨の結果は、従業員の自由意思に委ねられる。半強制的なものや、執拗な勧奨行為は許されない

[1] 退職勧奨の意義

　退職とは、広い意味では、会社と従業員との労働契約を終了させること全般を指しますが、狭い意味では（こちらのほうが一般的ですが）、解

204

図表 9-1 会社からの申し入れによる合意解約の例

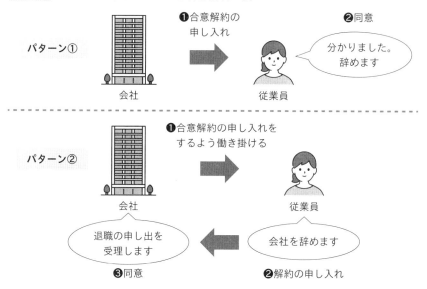

雇によらずに、従業員の自由意思に基づき労働契約を終了させることを指します。その方法としては、辞職と合意解約（合意退職）との2種類がありますが（詳しくは第1章、第4章Q2参照）、退職勧奨とは、この合意解約の成立のために、会社から従業員に対して、労働契約終了に向けての自由意思の形成を働き掛ける（多くの場合、説得する）行為と解されます。

　言い換えれば、合意解約は、何も従業員からの申し入れだけによるものではなく、以下のような場合も考えられます **[図表 9-1]**。

> ①会社から従業員への解約申し入れに従業員が同意する場合
> ②会社から従業員に対し、解約の申し入れを勧め、従業員がこれに
> 　応じて解約申し入れを行い、会社がこれに最終的に同意する場合

　このように、従業員に労働契約終了に向けての同意（①）、あるいは解約の申し入れ（②）を行うように会社が働き掛けることが、退職勧奨に当たります。

なお、退職勧奨の多くは、実務上、不況時の人員削減策、ご質問のケースのような成績不良者への退職の誘導、さらにはより組織的なものとして、高年齢者の人員調整等といった目的で行われます（菅野和夫『労働法　第12版』[弘文堂] 752ページ）。わが国の司法判断では、解雇の場合にはその法的有効性を厳格に問われますので、本ケースのように、会社としては、解雇よりも退職勧奨による合意解約を目指すことが少なくありません。

[2] 退職勧奨における留意点

　[1] のような退職勧奨の意義、構造に鑑みれば、退職勧奨の結果は、労働契約終了に向けて従業員の自由意思により形成されたものでなければなりません。裁判例でも、「退職勧奨は、勧奨対象となった労働者の自発的な退職意思の形成を働きかけるための説得活動であるが、これに応じるか否かは対象とされた労働者の自由な意思に委ねられるべきものである」と説示されています（日本アイ・ビー・エム事件　東京地裁　平23.12.28判決）。

　また、退職勧奨は解雇ではありませんので、解雇の要件（例えば人員整理が目的の場合は整理解雇の4要素）を満たす必要はありません。しかし、社会的相当性を逸脱した態様での半強制的または執拗な勧奨行為は、不法行為を構成し、当該労働者に対する損害賠償責任が発生してしまいます（前掲菅野752ページ）。

　退職勧奨を何度も繰り返した場合の問題については本章のQ2に譲りますが、そのほかにも、強度に威圧的な言動（直接的な暴行によるもの、怒号、物の投げつけ、多人数による圧迫等）、あるいは従業員に、退職しなければ大きな不利益（解雇等）が避けられないなどといった錯誤を生じさせるような言葉遣い・内容による退職勧奨は、不法行為を構成するだけでなく、その程度によっては、退職勧奨によってなされた従業員の合意もしくは労働契約終了の申し入れ自体が、法的に無効になることもあるので、注意が必要です。

Q2 退職勧奨を数回にわたり実施してもなお応じない場合、これ以上の退職勧奨は違法となるか

業績の低い従業員数人に対して退職勧奨を行っているのですが、そのうちの1人が、なかなか退職に応じてくれません。そこで、当社が数回にわたり退職勧奨を実施したところ、その従業員の代理人から、当該従業員が退職に応じないことを表明してきたにもかかわらず何回も退職勧奨を行ったのは違法であり、損害賠償を請求するとの内容証明を送ってきました。当社としては、何も解雇したわけではなく、退職の同意を求めているだけなのですが、これ以上の退職勧奨は行えないのでしょうか。また、当該従業員からの損害賠償請求に応じなければならないのでしょうか。

 退職には応じない旨を当該従業員がどこまで確定的に明確に意思表示していたか、退職勧奨の回数や態様などから見て、従業員の自由な意思形成を阻害するものである場合は違法となる

[1] 一般論としての、退職勧奨における会社の行為の限度

まず、退職勧奨行為の法的性格と、それに関する会社の行為の限度としての一般論を、比較的最近の裁判例である日本アイ・ビー・エム事件（東京高裁　平24.10.31判決）の説示に基づき説明します。

同判決は、「使用者が労働者に対し、任意退職に応じるよう促し、説得等を行うこと（以下、……「退職勧奨」という。）があるとしても、その説得等を受けるか否か、説得等に応じて任意退職するか否かは、労働者の自由な意思に委ねられるものであり、退職勧奨は、その自由な意思形成を阻害するものであってはならない」との説示を前提に、「退職勧奨の態様が、退職に関する労働者の自由な意思形成を促す行為として許容される限度を逸脱し、労働者の退職についての自由な意思決定を困難にするものであったと認められるような場合には、……違法性を有し、使用者は、当該退職勧奨を受けた労働者に対し、不法行為に基づく損害賠償

義務を負う」としています。このような基準により退職勧奨が違法性を有するに至ったと判断される場合には、退職勧奨を続行することは許されないと解すべきでしょう。

[2] 具体的な行為の限度

　ご質問では、①当該従業員がすでに退職に応じない旨を表明していることと、②退職勧奨が数回にわたっていることが問題となります。

　まず、①については、当該従業員が退職には応じない旨をどこまで確定的に明確に意思表示していたかが問題になります。というのは、退職勧奨には何らかの条件（退職加算金、転職活動のための在籍猶予期間等）が用意されることもあり、その条件によっては、従業員側が退職勧奨に応じるかどうかを考え直すというケースも少なくありません。また、退職を一度は断った従業員に対し再考を求め、再度退職を促すことも、従業員の自発的な退職意思の形成を促すものである場合は、違法ということにはならないとされています（日立製作所〔降格〕事件　東京地裁　令3. 12.21判決）。

　②については、もちろん、退職勧奨の回数が多く、かつ、その間隔が短ければ短いほど、違法性が認められやすいとはいえますが（例として下関商業高校事件　最高裁一小　昭55. 7.10判決）、一律に「○回以上は違法」といえるものでもありません。これは、上述の、従業員側が退職勧奨拒絶の意思をどこまで明確にしているか、また、会社側がどこまで強圧的な言辞で勧奨行為に及んでいるか、といった事情にも関係してきます。殊に、業績の低い従業員に退職勧奨をする場合、会社が従業員に希望するのは、退職に応じるか業務を改善するかのいずれかです。実務においては、退職勧奨の面談と業務改善指導の面談との境界が曖昧な場合も見られますが、業務改善指導の面談の回数は、退職勧奨の違法性（退職勧奨の執拗さ）を評価する面談回数には含まれません（例として、前掲日本アイ・ビー・エム事件）。ご質問における従業員からの申し入れも、こうした諸要素を勘案して判断することが必要です。

以上の観点から判断した結果、退職について従業員の自由な意思決定を困難にするものであったと認められるような場合には違法性があるといえ、従業員からの損害賠償請求に応じなければなりません。

Q3 退職勧奨の面談ではどのような点に留意すればよいか

業務命令に従わず、同僚との協調性も乏しい従業員に対して退職勧奨を行う予定です。ある程度強く、また、多くの関係者が実際に体験した問題行為を明らかにしつつ説得しないと、当該従業員が同意してくれないと思うのですが、退職勧奨の面談においては、どのような点に留意すればよいのでしょうか。

A 威圧や侮辱的言動などを行ってはならないのはもちろんのこと、面談時間、面談の人数、録音の可否や、従業員側の参加者を認めるかといった点に留意する

[1] 退職勧奨における会社の行為

本章 Q2 でも紹介した日本アイ・ビー・エム事件（東京高裁　平 24.10.31 判決）の説示を振り返ると、同判決は、「退職勧奨の態様が、退職に関する労働者の自由な意思形成を促す行為として許容される限度を逸脱し、労働者の退職についての自由な意思決定を困難にするものであったと認められるような場合には、当該退職勧奨は、労働者の退職に関する自己決定権を侵害するものとして違法性を有」するとしています。したがって、一般的な基準としては、当該従業員の「自由な意思決定を困難にする」面談と認められないようにすることが肝要となります。

[2] 面談での留意点

退職勧奨の面談でよく問題になる点としては、まず、威圧や侮辱的発言などの面談担当者の具体的な言動がありますが、これは退職勧奨面談ではない通常の面談でも行ってはならないものですので、当然のことといえるでしょう。そのほかには、面談時間、面談の人数、録音の可否、

また、特に従業員側の参加者を認めるか、といった問題が見られます。

　以下、詳述します（なお、面談時間については、対象者の受け答えにもよるため一般的なところは言えませんが、一回につき数時間もかける、連日面談する、などといった態様は問題になることが多いでしょう）。

（1）面談の人数

　採用面接などでいわゆる「圧迫面接」が問題になることもあるように、勧奨対象者が原則として1名である以上、あまりに多人数で面談するのは好ましくなく、2〜3名で行うのが一般的でしょう。また、ご質問にあるように、当該従業員の問題行為を指摘するのに人数が必要（問題行為の数が多く、それに遭遇した関係者も多くなる場合等）というケースも見られます。その場合は、関係者に、当該従業員の問題行為とそれに至る経緯、その後の影響を具体的に記載したメモ・記録を作成してもらい、面談者に託す（場合によっては、面談者に事前に説明しておく）、といった段取りが望ましいところです。

（2）録音の可否

　退職勧奨も、「言った、言わない」（殊に、面談者が脅迫的・侮辱的な言動を行ったか否かについて）が問題になることが多いため、当該従業員に告知の上で、備忘のために録音をしておくことが妥当でしょう。また、筆者の経験からすれば、従業員側はほとんどの場合、秘密録音していると考えてよいでしょう。

（3）従業員側の参加者

　従業員側が、代理人（弁護士）または労働組合関係者の同席を申し入れてくることがあります。この申し入れについて、会社は必ずしも受諾する必要はありませんが、受諾しない場合、従業員も、退職勧奨面談を拒絶する自由を有しています（[1]で述べたとおり、そもそも退職勧奨自体が、従業員の自由意思を侵害しないことを前提としています）。ただし、本章 Q2 でも述べたように、退職勧奨面談と業務改善指導面談との区別は困難なことがあり、後者の側面が強い場合には、業務指示として、当該従業員本人のみが面談に応じるように命じることも可能です。

Q4 退職勧奨に当たって、会社はどのような準備を行えば よいか

当社ではこのたび、業務をいつまでも習得できない従業員に対し、退職勧奨を実施することにしました。ですが、退職勧奨は行き過ぎると違法になると聞きますし、かといって、ある程度、有効な説得をしないと退職に応じてくれないとも思っています。退職勧奨に当たり、どのような準備を行えばよいでしょうか。

 退職金額や未消化の年休日数、失業保険の受給などの退職に関する手続きについて調べるとともに、その従業員の家族の就業状況等の周辺情報を調査する。それらを基に、想定問答や退職条件を検討する

[1] 退職勧奨で求められる準備

　会社による退職勧奨は、従業員から退職についての同意を得て初めてその意味（合意退職）が生じるものですから、従業員に対して、退職に同意してもらえる程度の説得力がなくてはなりません。かといって、それが強迫や従業員の錯誤に至るような場合（本章 Q1 参照）、あるいは、過度に執拗で従業員の退職についての自由な意思形成を阻害するような場合（本章 Q2 参照）は、仮に従業員から退職の合意を得たとしても、その合意自体が無効になったり、退職勧奨自体が違法となったりする（会社に損害賠償責任が生じる）ことがあります。そのため、会社としては、強迫等にならず、かつ過度に執拗にもならないように退職勧奨を行う必要があります。

　退職勧奨に限ったことではありませんが、協議では相手（退職勧奨の場合は従業員）がおり、その相手のことをよく調べることが、有効な協議を行うための第一歩となります。その上で、
①まずはどのような言葉で退職を勧めるか

②それに対して、従業員からどのような反論、反応が考えられるか

③それに対して、どのような言葉で、さらに退職の判断をするように勧めるか

――といった、いわゆる、想定問答の準備が必要となります。

[2] 事前の準備

　[1] のように、退職勧奨には相手の身になった事前の調査が必要ですが、一般的には、退職金額（会社が想定している退職日を原則とし、支給係数も会社都合によるもので算定しておくことが多いようです）や未消化の年休日数を調べておくとともに、退職に関する手続き（特に失業保険の受給に関する手続き）もハローワークに問い合わせるなどして調査しておくことが妥当でしょう。

　また、従業員にとって、退職勧奨に応じるということは給料を受け取れなくなることであり、従業員本人のみならず家族がいる場合にはその家族にとっても重大事です。そのため、家族の就業状況、子どもの年齢・就学状況、介護の状況、住宅ローンの有無・金額等についても調査しておくと、より適切な対応が取れるでしょう。

　こうした周辺的な事項を確認・準備した上で、当該従業員がなぜその会社で就業するのに適さないのか（業務の遂行状況や周囲の環境との調和の観点等）を、会社側の視点のみならず、従業員側の視点にも立って（従業員側にとっても、退職はデメリットだけでなくメリットもあるとの見地で）、整理しておくことが肝要です。この場合、従業員の退職に関するメリットとしては、当該従業員に向いていない仕事・環境で就業を続けることを避けるという点が第一ですが、それを補完するものとして、退職条件（退職加算金、転職支援会社の紹介、転職支援期間の設定〔在籍したままで就業を免除するのが一般的です〕等）を用意することも、状況によっては必要になってくるでしょう。

2 → ケース別に見る退職勧奨の留意点

Q5 精神疾患のある従業員に退職勧奨する際の留意点

　うつ病のため私傷病休職していた従業員で、復職したものの１カ月に２
〜３日ほど突発的に欠勤したり、業務能率が悪くなっている者がいます（現
在は私傷病休職制度が適用されるほどの欠勤ではありません）。経営が厳し
い中、フォローする周囲の従業員の負担も考え、当該従業員には退職してほ
しい考えです。そこで、退職勧奨を検討しているのですが、精神疾患のある
従業員に対して退職勧奨する際に、何か留意すべき点はあるでしょうか。

精神疾患を悪化させないよう注意する。従業員が安定して労務を提供
できる状態にないならば、私傷病休職を命じることも考えられる

[1] 退職勧奨の実施に先立って考慮すべきこと

　退職勧奨は、直ちに法律上の効果（労働契約関係の終了等）を生じさ
せるものではなく、合意退職に向けての会社から従業員への申し入れで
あるので、従業員の自由な意思決定を侵害するような方法・態様による
ものでない限り、会社としては自由にこれをなし得るのが原則です。こ
れは精神疾患のある者に対しても当てはまります。ただし、精神疾患の
特性に鑑みて、以下の諸点を考慮する必要があります。

　まず、退職勧奨による合意退職は、労働契約終了に向けての従業員の
自由な意思決定があることが前提となりますから、そもそも自ら労働契
約を終了させるかどうかを適切に判断できないような状態の者に対して
は、退職勧奨を行うべきではありません。もっとも、ご質問の従業員に
ついては、私傷病休職に至るほどの欠勤状況ではないようなので、この

程度にまでは達していないと思われます。

　次に、退職勧奨はそれ自体が、従業員に一定の精神的負荷をかける行為とされており、退職勧奨それ自体が、「退職を強要する」程度（具体的には、「心理的負荷による精神障害の認定基準について」〔平 23.12.26　基発 1226 第 1、最終改正：令 2. 8.21　基発 0821 第 4〕の「業務による心理的負荷評価表」にある具体的出来事 20 参照）にまで及ぶものではなかったとしても、それまでのうつ病を悪化させてしまうことがあります。ですから、精神疾患のある従業員への退職勧奨に際しては、場合によっては、家族を交えて話し合うことも考えられます（無論、プライバシーを考慮して、当該従業員の同意の下に行うことが必要です）。

　また、ご質問のケースでは、既にうつ症に罹患していることは分かっているので、当該従業員が産業医面談に応じたことがあるならば、産業医に、退職勧奨の可否とその方法・程度について所見を尋ねることも有用でしょう。仮に産業医面談をしていない場合には、既に周囲に負担をかけている状況であることからしても、会社としてはその症状を把握する必要がある以上、産業医面談を命じることは可能と考えます（もっとも、就業規則において産業医面談を命じることがある旨の規定がない場合は、その面談の必要性について、具体的に説明することが必要です）。

［2］私傷病休職の検討

　ご質問の従業員は、既に一従業員として適切に業務をこなしているとは言い難い状況にも見受けられます。会社としては、全従業員に、欠勤さえしなければよいということではなく、安定して出勤し周囲に負担をかけることなく業務を遂行することを求めざるを得ません。そこで、当該従業員に対し、今後、会社に安定して労務を提供できる状態なのかを確かめるべく産業医と面談するよう求め、産業医には、単に出勤の可否ではなく、労務提供の安定性を期待できるのかといった見地からの診断を求める方策もあり得ます。労務提供の安定性を望めないのであれば、話し合いにより、私傷病休職に入ってもらうことも一法だと考えます。

Q6 妊娠中・育休中の従業員や、障害のある従業員に対して退職勧奨を行うことは可能か

当社は大口の顧客を失注し、来年度以降の経営が苦しくなることが明らかなため、人員の削減を考えています。その際、フルタイムで幅広い業務をこなしてくれている従業員を優先的に残したいと考えており、妊娠中・育休中の従業員や、障害のある従業員で、業務の範囲に制約のある者に対しては退職勧奨を行うことを検討しています。このような措置は法的に許されるでしょうか。

 妊娠や、育休を取得したことを理由とする退職の強要、障害を理由とする退職の強要は不利益な取り扱いとなるため、別個の考慮を要する

[1] 総論

退職勧奨は、直ちに法律上の効果（労働契約関係の終了等）を生じさせるものではなく、合意退職に向けての会社から従業員への申し入れであるので、従業員の自由な意思決定を侵害するような方法・態様によるものでない限り、会社としては自由になし得ます。しかし、ご質問における妊娠中・育休中の従業員、障害のある従業員は、いずれも法的に一定の保護が求められており、別個の考慮を要します。

[2] 妊娠中・育休中の従業員に対する退職勧奨

男女雇用機会均等法9条3項は、事業主が、労働者が妊娠・出産したことなどを理由として、解雇その他不利益な取り扱いをすることを禁止していますが、この「不利益な取り扱い」の中には、退職の強要も含まれるとされています（同法に基づく「労働者に対する性別を理由とする差別の禁止等に関する規定に定める事項に関し、事業主が適切に対処するための指針」〔平18.10.11　厚労告614、最終改正：平27.11.30　厚労告

458〕の第4の3(2))。また、育児介護休業法10条により、事業主は労働者が育児休業の申し出や休業を取得したことを理由として解雇その他不利益な取り扱いをしてはならないことを定めていますが、ここでもやはり「不利益な取り扱い」に、退職の強要を含めています（同法に基づく「子の養育又は家族の介護を行い、又は行うこととなる労働者の職業生活と家庭生活との両立が図られるようにするために事業主が講ずべき措置等に関する指針」〔平21.12.28　厚労告509、最終改正：令3. 9.30　厚労告366〕の第二の十一の㈡)。

　以上により、妊娠中・育休中の者に対する退職勧奨は、退職の強要に当たらないように、言葉を慎重に選んで行わなければなりません。現実的には、当該従業員が退職に合意するよほどの合理的な理由と説明（ご質問でいえば、会社の窮状の具体的内容と、業務の範囲に制約があるなどの、当該従業員に退職勧奨をせざるを得ない理由の説明）が必要になると思われます。

［3］障害のある従業員に対する退職勧奨

　障害者雇用促進法35条は、事業主が、労働者が障害者であることを理由とした差別的取り扱いをすることを禁止しています。そして、同法に基づく「障害者に対する差別の禁止に関する規定に定める事項に関し、事業主が適切に対処するための指針」（平27. 3.25　厚労告116）の第3の10は、障害者であることを理由とする退職勧奨を、上記の差別的取り扱いに含めています。もっとも、同指針の第3の14のロでは、「法違反とならない場合」として、「合理的配慮を提供し、労働能力等を適正に評価した結果として障害者でない者と異なる取扱いをすること」を挙げていますので、障害者という一事ではなく、合理的配慮を提供した上で労働能力を理由とする場合、退職勧奨は可能になると思われます。それには、相当の配慮と、労働能力の評価の根拠となる具体的な証跡（日常の就業における指導等）を前提に、丁寧な説明を行う必要があると思われます。

Q7 勤怠不良、業務命令の無視、協調性の欠如等の問題がある従業員に退職勧奨を行う際の留意点

近年、当社では自然災害や新型コロナウイルスの流行もあり経営が思わしくなく、会社への貢献度が比較的低い従業員に退職勧奨を行うことを検討しています。そこで、まずは、勤怠不良、業務命令の無視、協調性がなく職場の士気を下げるなどの問題がある従業員を対象にしたいと思っていますが、これらの従業員に退職に合意してもらうためには、どのような対応が必要でしょうか。

 退職勧奨の面談に向けた想定問答を準備するほか、会社として問題があると考えている行動を注意し、記録を残しておくことが肝要

[1] 退職勧奨の意味

会社が退職勧奨を行っても、従業員の側から、労働契約関係を終了させよう（してもよい）という意思が形成されなければ、労働契約関係終了の法律上の効果は生じません。したがって、退職勧奨が意味のあるものになるか否かは、従業員にそのような意思を形成してもらえるか否かにかかることになり、会社としても相応の準備が必要となります。

[2] 退職勧奨面談に向けた準備

まず、退職勧奨の準備として直接的なものとしては、退職勧奨面談に向けた準備が挙げられます。これについては、一般的に、想定問答を準備することが必要です（具体的な内容は第7章 **4** **[3]** 参照）。

想定問答は、問題社員の類型により（さらには問題社員個々人の行跡、環境により）内容が異なるものですが、ご質問のように、勤怠不良、業務命令の無視、協調性の欠如が問題となっている場合、簡単に言えば企業秩序を軽視する姿勢が根本にあるといえます。そのような企業秩序を

軽視する姿勢はなぜ問題なのか（形式的には就業規則上、実質的には会社の業務・職場環境上）、具体的にはどのような行動例が問題と見られるのか（5W1H で）、そういった問題行為が続けばどのような結果を招くか（基本的には、懲戒処分が重なり、それでも改善が見込まれなければ解雇へと進むこと）、また、そもそもなぜそのような姿勢を取るのか、それについて当人に言い分があるか、言い分があるとしてもそれが会社としてはなぜ許容できないのか（なお、当人の言い分に理がある場合には、会社が本人への問責を修正するしかありません）──といった諸点が想定問答に含まれることが多いようです。

[3] 日常的な労務管理ですべきこと

退職勧奨の準備には、**[2]** のような、退職勧奨面談に向けたものだけではなく、退職勧奨（従業員への労働契約終了の勧告）に至るまでの日常的な労務管理も含まれ、むしろ、そちらのほうが重要ともいえます。

ご質問のような企業秩序を軽視する問題社員に対して、注意指導を怠ったり、仮に注意指導をしていてもそれが記録（書面、メール等）に残る方法でなされていなかったりする例は少なくありません。しかし、注意指導の記録を残すことは、従業員が秩序を尊重するように改善することを主眼としつつ、不幸にして従業員がそれに従わない場合には、会社の懲戒権行使の正当性を根拠づけるものであり、最終的には解雇の方向へ進んだ際の根拠となるものです。したがって、問題社員に対する退職勧奨の際に、会社から明瞭に記録に残るような形で注意指導をしてきたにもかかわらず、問題点が改善されなかったことを当該従業員に告知することで、その会社の職場での就業に適性がないこと、このまま続くと労使共に好ましくない事態（重度の懲戒処分、ひいては解雇）となることを従業員に自覚してもらうためにも、注意指導は常日頃から形に残る方法で実施、記録しておくことが肝要です。

Q8 業務遂行能力が向上しない従業員に対する退職勧奨の留意点

近年、当社では市場の縮小もあり、売上・収益が低下していることから、業務遂行能力を基準として、会社への貢献度が比較的低い従業員に退職を勧奨したいと思っています。そのためには、どのような準備が必要でしょうか。

退職勧奨の面談に向けた想定問答を準備するほか、人事考課を適切に行い、業務遂行能力が問題となっていると当該従業員に自覚させることが重要

[1] 退職勧奨の意味

本章 Q7 でも述べましたが、退職勧奨が意味のあるものになるか否かは、退職勧奨により、従業員に労働契約関係を終了させよう（してもよい）という意思を形成してもらえるか否かにかかります。

そのためには、会社としても相応の準備が必要となります。具体的には、Q7 の場合と同様に、退職勧奨面談に向けた準備と、退職勧奨前の日常的な労務管理の中での準備という、二つの準備をすることが有用です。

[2] 退職勧奨面談に向けた準備

退職勧奨面談に向けては、一般的に想定問答を用意する必要があることは、Q7 のとおりです。

ご質問のような業務遂行能力の低い従業員を対象とする場合、日常の就業における意欲、能率、ひいては現在の業務への適性全般が問題となります。退職勧奨の対象者として選ばざるを得なかった理由（その対象者がこれまでどのような問題行為を行ってきたかを、5W1H でできるだけ具体的に説明すること）については、企業秩序の軽視の姿勢が問題となった Q7 の場合よりも、より細かい、業務内容に密着した、場合によっ

ては当該対象者の業務遂行能力の判断について評価の分かれる可能性も
ある内容を説明する必要が出てきます。

　この想定問答の内容としては、当該従業員のこれまでの個人業績に加
え、このままだとどのような結果を招くか（人事考課が上がらず、低い
評価のままでおかれるのみならず、その程度によっては業務遂行能力が
改善する見込みなしとして解雇もあり得ること）、また、そもそもなぜそ
のような問題行為が改善できないのか、それについて当人に言い分があ
るとしても、それを会社としてはなぜ許容できないか、といったものも
含まれます。これらに関しても、Q7の場合と比較して、日常の業務内容
およびそれを取り巻く事情（当該対象者が能力を発揮できなかった事情
の有無等）をより細かく把握しておく必要があり、現場の上長から事前
の聞き取りを行うなどの準備が不可欠です。

[3] 日常的な労務管理ですべきこと

　退職勧奨の準備には、退職勧奨行為（従業員への労働契約終了の勧告）
に至るまでの日常的な労務管理も含まれます。殊に、能力不足が問題の
場合、本当に能力が不足しているのか、また、それを本人の責に帰する
ことができるのか（上長が適切に指導・助言をしてきたのか）、そもそ
も、当該対象者に能力不足を理由に人事考課で低評価とすることを事前
に告知して自覚させていたのか――といった点が問題になります。

　そこで、会社としても、退職勧奨前の日常において、当該対象者に、
その問題点やそれを改善するための方法等を指導しておく必要があり、
当該対象者の人事考課も、適切に（低評価を）しておく必要があります。

　実務において見られるのが、人事考課では標準か若干平均を下回る程
度の者に対して、退職勧奨をせざるを得ない事例です。この場合、それ
までの会社による人事考課の適切さが問われることとなり、退職勧奨の
際に当該対象者から疑問・反論があった際（「今になって自分のことを能
力不足と言うが、これまでそう言われてこなかった以上、正しいとは思
えない」等）、回答に窮することがあるので、要注意です。

Q9 退職勧奨で退職金の加算や年次有給休暇の買い上げ
を求められた場合、どう対応するのがよいか

　業績の芳しくない従業員数名に対して、退職勧奨を実施したところ、従業員Aが、退職勧奨に応じてもよいが、会社の用意した退職金への加算金（月給3カ月分）を倍額にしてほしいとの条件を出してきました。また、従業員Bは、未消化の年次有給休暇（以下、年休）の買い上げを求めてきました。
　会社としては、皆平等な退職条件でないと不公平が生じ、後に問題になると考えています。また、そもそも労基法により年休を買い上げることは問題があるとも聞いています。従業員A、Bにどのような対応を取ることが望ましいでしょうか。

退職条件の合意に際し守秘条項を設けた上で退職加算金を増額するのが一般的。また、退職時の年休の買い上げは問題ないため、買い上げの申し出に応じる

[1] 退職勧奨の性格（会社と個別の従業員との関係）

　退職勧奨は、簡単に言えば、会社が従業員に対して、雇用関係終了に合意することを働き掛ける事実上の行為であり、それ自体は何らかの法的効果を生じさせるものではありません。また、退職勧奨による雇用関係終了の合意は個々の従業員との間に生じるもので、ご質問のように複数の従業員に対して退職勧奨を行ったとしても、それは会社と個々の従業員との退職勧奨の集合体であり、合意が成立した場合の雇用関係終了の法的効果も個々に生じます。したがって、「退職勧奨→合意→雇用関係の終了」といった流れにおいて、従業員ごとに、退職勧奨の方法・内容は変わり得ますし、その合意の内容（ご質問でいえば退職条件）も個別に変わり得るのが原則となります。

［2］個別に退職加算金を変えることについて

　従業員Aにのみ退職加算金を増額することについて、それが労務管理上望ましくないことは言うまでもありません（退職勧奨の場面に限らず、公平・公正は人事・労務の根幹です）。しかし、それはあくまで会社と従業員Aとの間の退職勧奨と、その受諾に至る協議の結果生じたものです。通常、個別の退職勧奨の内容は、会社と他の従業員との間の退職勧奨に関する協議に影響を及ぼさないと考えられる以上、従業員Aに対する退職加算金の増額は、他の従業員に対する退職条件、さらには退職勧奨を受諾する場合の雇用関係終了の効力に影響を及ぼすことはないと考えます。もっとも、従業員A以外の従業員との協議の際に、「他に退職に応じる者は全員、会社案（月給3カ月分の退職加算金）で合意してくれたので、あなたも我慢してほしい」といった、事実関係について錯誤を生じさせるような説明をしている場合、少なくとも退職条件について（他の説明内容によっては、雇用関係終了それ自体について）、法的に問題が残ると思われます。

　実務的には、従業員Aに対して、退職条件の合意に際し、守秘条項（退職条件につき第三者に開示しない旨）を入れておくのが通常でしょう。

［3］年休の買い上げについて

　ご質問にもあるように、年休の買い上げは、原則として労基法39条違反となります（昭30.11.30　基収4718）。この場合、未消化の年休日数分、退職日を後ろ倒しにする、という措置も考えられるところですが、複数人に退職勧奨を行う場合、一律に退職日を定めたいという実務上の要請があるかもしれません。

　結論としては、退職後は年休を取得することができないことに鑑み、退職する従業員からの年休の買い上げは、上記の年休の買い上げ禁止の例外とされています。実務上でも多くの労使間で同様の取り扱いがなされていますので、労基法上、特に問題はないと思われます。

Q10 退職勧奨に応じた者の退職の撤回を認めなければ ならないか

先日、当社の業務に適性がないと思われる従業員に退職勧奨をしたところ、本人も1カ月後の退職に同意してくれました。しかし、同意した翌週になって、「退職は取りやめた」と言い出しました。当社としては、既にこの従業員が退職する前提で部署異動や取引先への挨拶も行っており、今更、退職の撤回を認めたくはありません。どのように対応したらよいでしょうか。

本人の同意が「会社からの退職申し入れに対する受諾」の場合は撤回を認めなくてよいが、「合意解約の申し入れ」に当たる場合は、人事権を持つ者が退職受理をしていなければ、撤回を認めなければならない

[1] 従業員からなされる労働契約終了の意思表示

従業員からなされる労働契約終了の意思表示には、①辞職と②合意解約の申し入れの二つがあります。このうち①辞職は、従業員からの一方的告知によって、会社との労働契約を終了させることをいい、②合意解約の申し入れは、労働契約関係の当事者である従業員と会社が合意して労働契約関係を将来に向けて解約・終了させることを申し入れるものです（付言すると、通常、会社の態度いかんにかかわらず、確定的に労働契約を終了させる旨の意思が明らかな場合に限り、①と解すべきとされています）。

①②は、特に会社からの申し入れがなく、従業員から自発的に申し入れられた場合ですが、これに先行してご質問のような会社からの申し入れ（退職勧奨）があった場合は、従業員の労働契約終了の意思表示が、③会社からの退職申し入れに対する受諾と解される場合もあります。

以上を整理すると、①と③は、直ちに労働契約終了の法律上の効果が生じますが、②は、改めて会社側、それも人事権限のある者が、従業員

からの申し入れに対する受諾の意思表示（実務上は「退職受理」といわれることが多い）をしていなければ、労働契約終了の効果は生じず、従業員側からの退職の撤回は可能となります（詳細は第4章Q8参照）。この点で、①〜③の区別は重要となり、ご質問においても、労働者の退職への同意が、上記のいずれに該当するのかが問題となります。

[2] ご質問への当てはめ

　ご質問では、退職勧奨に対して当該従業員が、いったんは退職に合意したようですが、これだけで、③会社からの退職申し入れに対する受諾に該当すると解するのは早計であり、①〜③（ただし、**[1]** で述べたように、①と解されることは少ないので、多くの場合は②または③）のいずれに該当するかは、具体的事案の検討によることとなります。

　例えば、会社が当該従業員に具体的な退職条件を記載した退職合意申し入れ書（あるいは退職合意書案）を交付し、当該従業員が確定的に退職を承知しているような状況を前提としつつ、当該従業員がこれに明瞭に合意したような場合（申し入れ書を受諾する旨を書面・メールで返答した場合、または退職合意書案に署名して返送した場合等）は、上記③と解されます。この場合、退職の撤回を認める必要はありません。

　一方、人事権を持たない職場の上司が、例えば「社外へ転進してはどうか」と抽象的に働き掛け、従業員が「それでは1カ月後に退職します」と回答しただけの場合では、そもそもその上司の働き掛けは、会社からの正式な労働契約終了の申し入れと解す余地が少なく、当該従業員の回答も上記②合意解約の申し入れと解されるのが一般的と思われます。②への該当性の判断に当たっては、その他にも会社と当該従業員の間でどのようなやり取りがなされたのか（特に書面、メールといった形式であれば題目も含めた内容）が、重要となります。ご質問の従業員の同意が②に当たる場合は、人事権を持つ者が承諾の意思表示を既に示していれば撤回を認める必要はありませんが、そうでなければ、撤回を認めなければなりません。

近年、技術革新のスピードが加速する中で、当社でも従業員に求めるスキルや仕事の仕方が年々変化しています。しかし、周囲が指導しても、なかなかそれについていく意欲を見せない従業員がおり、そのフォローのために他の従業員に負担がかかっている状況です。そこで、当該従業員に社外に転進してもらうべく退職勧奨を行いましたが、「絶対に辞める気はない」と明確に拒否されました。この従業員を今の職場には置いておけないので、できれば解雇、少なくとも単純作業を行う部署や職務に異動させたいのですが、法的に可能でしょうか。

退職勧奨の拒否そのものを理由とする解雇や異動命令は、権利濫用として無効となる公算が大きい

[1] 退職勧奨を拒否した者に対する解雇

　労働者を有効に解雇するためには、無期契約労働者の場合は、客観的に合理的な理由と社会通念上相当であることが要件となり（労契法16条）、有期契約労働者を期間途中で解雇する場合は、やむを得ない事由があることが要件とされています（労契法17条）。また、有期労働契約を使用者の側から更新拒否する場合には、その更新拒否が無期労働契約の解雇と社会通念上同視されるような場合、もしくは労働者側に更新を期待させる合理的な理由があるような場合には、無期契約労働者の解雇の場合と同様に、客観的に合理的な理由と社会通念上相当であることが要件とされています（労契法19条）。

　この点、退職勧奨に応じるか否かは従業員の自由意思によるものですから、これに応じないことそれ自体をもって当該従業員をマイナスに評価することはできません。そのため、退職勧奨の拒否は前述の「客観的に合理的な理由」（労契法16条、19条）や「やむを得ない事由」（労契

法17条）には該当しません。もっとも、退職勧奨が行われる場合は、当該従業員に退職勧奨にまで至った何らかの原因があることも少なくなく（例えば業務態度の不良、業務への適性の不足等）、その原因の内容の程度と、それに対する会社の指導・改善の努力の形跡（さらには、そこから看取される当該従業員の改善の見込みの程度）によっては、解雇事由として認められる可能性もあるでしょう。

[2] 退職勧奨を拒否した者への異動命令

　会社から従業員に対する異動命令は、業務上の必要性があっても、不当な動機・目的があったり、当該従業員に著しい不利益があったりする場合には、権利濫用として無効となります（東亜ペイント事件　最高裁二小　昭61.7.14判決）。

　退職勧奨の拒否そのものを理由とする異動は、**[1]**のとおり、退職勧奨の拒否が当該従業員をマイナスに評価する理由にはならない以上、そもそも業務上の必要性があるとはいえず、権利濫用として無効となる公算が大きいと思われます。もっとも、これも**[1]**の解雇の場合と同様、退職勧奨の対象となる従業員には、退職勧奨を受けるに至る何らかの原因がある場合も少なくなく、その原因の内容によっては（特に、現在の業務に対する適性がない場合）、業務上の必要が認められる可能性もあり得ます。ただし、昨今、話題になることも多い、いわゆる「追い出し部屋」的な異動（会社にとって有意な業務を遂行させることを目的とするのではなく、無意味な業務を行わせることでダメージを与え、退職に追い込もうという目的でなされる異動）は、不当な動機・目的による異動として、法的に無効と解されます（退職勧奨拒否者に技術開発業務から単純作業の肉体労働への配置転換を命じた事案につき、権利濫用として無効と判断した裁判例として、フジシール〔配転・降格〕事件〔大阪地裁　平12.8.28判決〕があります）。

3 → 早期退職募集と希望退職募集の実施・運用

 早期退職募集と希望退職募集にはどのような違いが
あるか

当社では、従業員のセカンドライフ支援と併せて、従業員全体の高齢化防止のため、希望者については退職金を加算した上で定年を迎える前に退職とする早期定年制度を設けています。世間では、「早期退職募集」や「希望退職募集」という言葉も耳にしますが、どのような違いがあるのでしょうか。

 どちらも退職「希望」者を募る措置ではあるが、希望退職募集は、応募者が会社の想定人数に足りなかった場合、整理解雇を予定しているという違いがある

[1] 早期退職募集と希望退職募集

会社が従業員に対し、何らかの理由で組織的に（ある程度多くの人数を想定して）労働契約を終了させたいと考えている場合、個々人の従業員に対する退職勧奨を数十、数百と重ねて行うことは困難であるため、組織的な退職者募集措置を取ることがあります。社会一般でいわれるところの、早期退職募集（早期退職優遇制度の適用を含む）や希望退職募集がこれに当たりますが、その目指す効果、さらには目的によって、区別して考える必要があります。

[2] 早期退職募集とは

早期退職募集は、読んで字のごとく、定年より早期に退職する者を募集すること一般をいいます。会社が退職希望者の募集を行い、これに従業員が応募し（退職を会社側に申し込み）、会社がこれを受理することで

労働契約終了の効果が生じるのが一般的な形態です。

　早期退職募集は、経営難に鑑みて、人件費削減（人員調整）を目的とする場合もあれば、長期的に見た従業員全体の年齢バランスの調整（高齢者偏在の予防）、あるいは従業員側のセカンドキャリア支援といった目的、さらにはこれらの目的が複合的に合わさった場合が考えられ、その目的によって、早期退職募集制度の手続き、内容（募集人員、募集期間、退職条件、応募者に対する会社の受理拒否の事由等）が異なります。

　上述のとおり、早期退職募集は従業員側の退職希望を待って退職合意により労働契約終了の効果を生じさせるものであって、従業員の「希望」を要件とする点で、後述 **[3]** の希望退職募集と類似し、かつ広義の「希望退職募集」に含まれるともいえます。しかし、**[3]** の希望退職募集と異なる点は、退職希望者の応募者が会社の想定する人数に達しなかった場合でも、特段、追加の措置が想定されていないことにあります。

[3]（狭義の）希望退職募集とは

　希望退職募集も、退職「希望」者を募る措置ではありますが、早期退職募集との違いは、会社の想定する一定人数に応募者が足りなかった場合、その不足する人数について、整理解雇（経営上の理由により会社が従業員を解雇すること）の措置を予定していることにあります（実務上、応募者の人数の不足が少数にとどまる場合は、整理解雇を見送ることもあります）。したがって、その目的としては、会社の経営難への対応のための人件費削減（人員削減）にあることが原則です（なお、企業閉鎖による解雇に先立って、希望退職募集による合意退職を目指す場合もあります）。その手続き、内容については、早期退職募集の場合ほどバリエーションは見られず、従業員全体に、一定期間内に、実質的に公平になるように、合意退職の機会と退職条件を与えることに主眼が置かれたものになるのが通常です（そのため、応募者の募集や、応募者が不足した場合の整理解雇の実施についても、事案ごとに手続きと内容の公平性を考慮することが必要となります）。

早期退職優遇制度の実施直前に退職を申し出た
従業員にも、制度の適用を認めるべきか

　当社では、従業員のセカンドライフ支援のため、早期退職優遇制度の導入
を1週間前に発表し、同日付で実施しました。制度の内容としては、45歳
を過ぎた従業員が自主退職する場合に、会社都合として多めの退職金を支給
し、さらに加算金を月収の6～12カ月分支給するというものです。ところが、
実施の3日前に退職の申し出をし、3週間後に退職予定の従業員が、自分に
も早期退職優遇制度を適用して加算金を支給すべきだと主張してきました。
この従業員への適用を認めるべきでしょうか。

 適用を認める必要はない。ただし、退職の申し出に対し会社からの承
諾をまだしていない場合は、退職を撤回の上、制度適用を前提とした
申し出を行うことも可能となる余地があり、注意が必要

[1] 早期退職優遇制度の性格

　ご質問における早期退職優遇制度は、従業員のセカンドライフ支援を
目的としており、一定人数の人員削減を目的とし、退職応募者がその人
数に達しなかった場合に、整理解雇の措置を取ることを予定している人
員調整型の退職募集ではないようですので、狭義の希望退職募集（第8
章、本章Q12参照）とは異なります。早期退職募集の場合（狭義の希望
退職募集の場合も退職募集の段階ではそうですが）、会社による退職者募
集があり、従業員の応募と、これに対する会社の退職受理（承認）があっ
て、労働契約終了の法律上の効果（以下、法律効果）が生じます。また、
早期退職募集の後に、整理解雇のような、従業員の意思・合意によらず
労働契約終了の法律効果を生じさせるような人事措置を予定しているわ
けではないため、労使間の合意がなければ、従業員にとって不利益とな
る何らの法律効果も生じません。したがって、早期退職募集の制度内容
（その手続き、退職条件、退職応募の受理の有無等）は、会社が自由に設

計できるものと解されます。

[2] ご質問への当てはめ

　ご質問の早期退職優遇制度が、一定の時期（例えば4月1日）から開始された場合、その直前（例えばご質問でいえば3日前の3月29日）に退職を申し出た者と、4月1日以降に退職の申し出をする者とでは、後者には早期退職優遇制度の適用がある（退職金が会社都合となり、加算金も支給される）一方で、前者にはなく、退職申し出の時期が3日異なるだけで、大きな場合で受け取り額に年収分の差が生じることとなり、不公平にも見えます。しかし、この早期退職募集は、従業員側にとっても、もともと通常の退職の場合に規定されていた退職金等の退職条件に、退職加算金を付加するだけのものなので、上述の前者（3月29日に退職を申し出た者）に対して特に不利益を課しているものとは解されず、早期退職優遇制度を適用する必要はないということとなります。無論、この場合、会社から制度の適用を特例で認めることは可能かもしれませんが、それを認めると、どれくらい前の退職申し出まで認めるのか、といった問題も生じかねず、一般的には例外を認めることは少ないでしょう（少なくとも筆者の経験では認知していません）。

　もっとも、ご質問の場合、当該従業員の退職申し出から3日後に早期退職募集が発表・実施されており、その3日間に、会社からの承認（退職受理）により退職合意が成立していないことも考えられます。その場合は、この従業員は、退職の申し出をいったん撤回することができる可能性もあり（退職撤回の可否の問題については、第4章Q8参照）、改めて、早期退職優遇制度の適用を前提とした退職申し出を行うことも可能となる余地があるので、注意が必要です。

Q 14

解雇回避措置としての希望退職募集を行う場合、どのような点に留意すべきか

　当社は、昨今の新型コロナウイルスの流行もあって業績が思わしくなく、従業員の相当数を解雇して人件費を削減する必要があります。しかし、法的に解雇が有効と認められるには、解雇回避措置を講じたかなど、相当厳しく判断されると聞きました。解雇回避措置の一環として希望退職募集を行う場合、どのような点に留意すべきでしょうか。

　解雇回避措置の一環として、希望退職募集の実施だけでなく、配転や一時帰休等の他の手段を講じたかが問われる。また、実施に至った経緯や、退職条件の内容とその条件設定の理由について、丁寧に説明を尽くすことが求められる点に留意する

[1] 希望退職募集の類型
　「希望退職募集」という言葉には、単に定年よりも前に退職する従業員を募集する早期退職募集というべきもののほかに、人員削減を目指した会社が、想定していた削減人数に応募者が足りなかった場合、その不足する人数について、整理解雇の措置を取ることを予定している狭義の希望退職募集が含まれます（第8章参照）。ここでは、後者を前提として説明します。

[2] 整理解雇における希望退職募集の位置づけ
　希望退職募集の後段階で予定されることのある整理解雇とは、一般には経営上の都合により従業員を解雇することをいい、①人員削減の必要性、②解雇回避の努力、③被解雇者選定の妥当性、④手続きの妥当性（以上、整理解雇の4要素）を総合考慮して、有効性が判断されます。
　この中でも、筆者の知見では、解雇が否定される要素として問われることが比較的多いものが②です。②については、使用者が人員削減を実

現する際には、配転、出向、一時帰休、希望退職の募集などといった、整理解雇以外の手段によって解雇回避の努力をする信義則上の義務を負うとされており、それらの手段を試みずに整理解雇の手段に出た場合は、多くの場合、解雇権の濫用とされているようです（菅野和夫『労働法　第12版』［弘文堂］794 〜 795 ページ）。すなわち、希望退職募集は、整理解雇の有効性の重要な判断要素である解雇回避の努力の一手段（代表的な手段といってもよいでしょう）とされています。

　もっとも、どのような場合においても、希望退職募集を経なければ整理解雇が無効となるわけではありません（経営の急激な悪化によって、規定の退職金の支払いを条件とする退職を募集する余裕がない場合もあるでしょう）。逆に、希望退職募集を経れば、必ず、整理解雇が有効となるものでもありません（会社の経営に余裕があり、単に、業種転換のための人員の入れ替えを目的として整理解雇を行うような場合、僅少な加算金といった退職条件での希望退職募集では信義則上求められる解雇回避努力としては不十分といえるでしょう）。つまりは、会社が整理解雇までに行った解雇回避手段が、"人員削減の具体的な状況に照らして、解雇回避のための真摯、かつ、合理的な努力を尽くした"と、第三者（裁判所等）から見て、認められるような努力が必要です。

　ご質問に沿って言えば、解雇が有効と認められるには、人員削減の必要性はあるとしても、経営状況がどの程度、どれくらいのスピードで悪化しているのか、希望退職募集で会社側としてどのような条件を設けることができるのか（退職金のほかに加算金を設けるなど）、希望退職募集に至るまでに、他の手段（配転、一時帰休、残業制限、一部賃下げ等）を尽くすことが可能か、といったことが問われるでしょう。また、実務的には、前記②の要素は前記④（手続きの妥当性）にも関わることがあることから、実際の人事措置としては、希望退職の募集の際、実施に至った経緯や、退職条件の内容とその条件設定の理由について、丁寧に説明を尽くすことが求められます。

当社は、業績悪化を理由とする人員削減を予定しており、そのためには希望退職募集が必要と考えています。実施に当たっては、できれば、重要性が低くなった業務に従事している従業員のみを対象として行い、他の業務に従事している従業員の退職を防ぎたいと思っているのですが、可能でしょうか。

 対象となる業務に従事する従業員のみを対象とすることがやむを得ないといえるか否か、社内の具体的実情に照らして考える必要がある

[1] 解雇回避努力の一環としての希望退職募集

希望退職募集の後段階で予定されることのある整理解雇は、①人員削減の必要性、②解雇回避の努力、③被解雇者選定の妥当性、④手続きの妥当性の4要素を総合考慮して、その有効性が判断されます。この中の②解雇回避の努力の一手段として、配転、出向、一時帰休と並んで希望退職の募集が位置づけられています。

希望退職の募集は、解雇回避努力の一環として行われる以上、"人員削減の具体的な状況に照らして、解雇回避のための真摯、かつ、合理的な努力を尽くした"と、第三者（裁判所等）から見て認められるような、実質的な内容を伴う必要があります。

この見地から実務上問題となるのが、希望退職の募集が、全社ではなく、一部（特定の部門、年齢層等）を対象に行われる場合、整理解雇の有効性において問われる「解雇回避の努力」として足りるのか、ということです。当然ながら、希望退職募集が全社的に行われるほうが、より退職応募者が増える可能性があり、その人数分、整理解雇を行う必要がなくなることから、解雇回避努力として有効であることは言うまでもありません。しかし、会社としては、整理解雇後の事業継続を考慮して、

社内に在籍してほしい人には退職募集をかけたくはないという事情もあり、こうした問題が生じるところです。

［2］ 裁判例に見る判断のポイント

例えば、シンガポール・デベロップメント銀行（本訴）事件（大阪地裁　平12.6.23判決）は、東京と大阪に支店を置いていた外資系銀行が大阪支店の閉鎖および従業員の整理解雇を行うに際し、東京支店での希望退職の募集を行う必要はない旨を説示しています。これは、東京支店にも欠員がなく、大阪支店の者を東京支店に転勤させることはできなかったこと、東京で希望退職募集による退職者が出ても大阪支店の者を就労させるに適当な部署が生じるとは必ずしもいえないこと、希望退職を募集すれば代替不可能か有能な従業員が退職してしまう可能性があること等を理由としています。

一方、ロイズ・ジャパン事件（東京地裁　平25.9.11判決）では、廃止される職務に従事していた5名の従業員のみを対象として退職勧奨を行い、退職勧奨に応じなかった従業員を解雇した事案について、「希望退職募集を行わなかった15名が従事していた職務について、人員削減の対象として特定された上記5名では代替することができないものと認めるに足りる証拠はないし、人員削減を行わざるを得ない旨の告知を受けただけで割増退職金等の退職条件の提示がない段階で自主退職を名乗り出た者がいなかったとしても、直ちに希望退職募集を実施してもこれに応じる者がいなかったなどということはできないから、解雇回避措置として希望退職募集を行うことが客観的に期待できなかった事情は認められない」として、整理解雇を無効と判断しています。

以上の裁判例等に沿えば、ご質問においても、重要性の低くなった業務（当該業務）に従事している従業員が、他の従業員の行っている業務に就くことの可否、業務への適性の程度等を踏まえ、真に、当該業務従事者にのみ退職募集をかけることがやむを得ないといえるか否かを、社内の具体的実情に照らして考えなければならないでしょう。

Q16 希望退職募集の後に整理解雇を行う場合、
退職加算金に違いを設けてもよいか

当社では、昨今、経営状況が悪化していることから人員削減を考え、希望
退職者を募集しました（退職加算金として3カ月分の給与を支払います）。
しかし、希望退職者が募集人員に足りなかったので、不足人数分の整理解雇
を行ったところ、そのうちの1名が労働組合に加入し、当該労働組合と交
渉の結果、退職加算金を6カ月分にするならば退職してもよいとの提案が
ありました。当社としてはこの条件で解決したいのですが、既に3カ月分
の退職加算金で承諾し退職してくれた従業員との均衡上、問題になることは
ないでしょうか。

法的に問題はない。他の退職者への配慮が必要だとしても、ご質問で
は、労働組合との協議にまで発展し、退職加算金の相違も3カ月程
度にとどまるので、受け入れ妥当な範囲ではないかと思われる

[1] 人員削減（整理解雇）と希望退職募集

人員削減を行うに際して、整理解雇は直接的な手段ですが、会社の一
方的な意思表示によって従業員の雇用を喪失させるという点で、従業員
に対する影響が大きいため、その法的効力は慎重に判断されます。整理
解雇の有効性の判断に当たっては、原則、整理解雇の4要素（①人員削
減の必要性、②解雇回避の努力、③被解雇者選定の妥当性、④手続きの
妥当性）を総合考慮しますが、希望退職の募集は、このうち②に関係す
るもので、法的には重要な位置を占め、整理解雇を無効とする理由の一
つに希望退職の募集がなかったことを挙げる裁判例もあります（あさひ
保育園事件　最高裁一小　昭58.10.27判決）。

この希望退職募集は、解雇の場合よりは従業員にプラスになる退職条
件（多くの事例では退職加算金）を設定して行われることが多いのです
が、事案によっては、ご質問のように、退職者によって受け入れ可能な

退職条件が異なる場合が生じ得ます。

　しかし、希望退職募集を経た上で整理解雇を行う、といった局面においては、従業員を公正に扱う必要性があります。また、上記の4要素の一つの③被解雇者選定の妥当性の判断においても、会社側が解雇者を恣_し意的に選定してはならないとされています。そこで、ご質問のように、退職者によって退職加算金に相違を生じさせることが認められるのか、疑問が生じるかもしれません。

［2］退職者による退職条件の違い

　結論から言えば、ご質問のような退職条件の違いは、法的には、問題はないといえます。退職条件の相違は、被解雇者の選定の場合のように、会社の一方的な判断や選択により不公平が生じるものではなく、退職者の意向や会社との交渉によって相違が生じるものであり、会社と各退職者との合意は、その合意形成に至る過程において、従業員の自主的・自発的な判断が確保されている限り（例えば、錯誤、欺罔_{ぎもう}、強迫といった事情がない限り）、法的に問題がないと解されるところです。

　もっとも、ご質問において、労働組合に加入した退職者の退職加算金を6カ月分とする組合からの提案を受諾すれば、それ以前に退職に応募した退職者から不公平との声が生じることは十分に考えられますので、組合の提案の受諾の有無は、紛争解決と他の退職者への配慮とのバランスをどう考慮するかにかかってきます。これについては、退職加算金の相違の大きさ（ご質問では賃金3カ月分）、相違が生じるに至ったプロセスの内容（ご質問では組合への加入と、組合との協議）、相違が生じる人数（ご質問では1名）といった諸事情を考慮することになるでしょう。ただ、ご質問においては、労働組合との協議にまで発展し、相違も3カ月程度にとどまることを考えると、他の退職者への配慮が必要だとしても、受け入れ妥当な範囲ではないか、と思われます。

希望退職・早期退職の募集の際、応募者によって
退職を受理（承認）したりしなかったりしてもよいか

希望退職を募集したところ、会社としては辞めてほしくない従業員からの応募があったのですが、そうした者については退職を受理（承認）しなくてよいでしょうか。また、早期退職募集の場合はどうでしょうか。

 早期退職募集の場合はよいが、希望退職募集については、特別な事情がない限り、応募者の退職を受理しないことは避けたほうがよい

[1]「退職募集→応募→退職受理」の構造

　希望退職募集、早期退職募集はいずれも、自発的に退職を申し出る者を会社側から募集する措置であって、原則として、会社から各従業員への雇用関係終了の申し出ではなく、従業員に対して退職の申し出を勧誘する行動と解されます。その上で、従業員が退職募集に応募することによって、会社への退職申し出の意思表示がなされ、それに対して会社が従業員の退職申し出を受理することで、労働契約終了の効果が生じます。

　以上の構造からすれば、希望退職募集にしても、早期退職募集にしても、従業員からの応募（退職申し出）に対して、会社がこれを受理しなければ労働契約終了の効果は生じないのであり、会社としては、受理するか否かの自由（裁量）を有している、というのが理論的な結論となります。

　しかし、これは、会社と退職申し出者との間の関係についてであって、特に希望退職募集の場合は、他の従業員との間の問題が残ります。

[2] 希望退職募集の場合

　希望退職の募集は、人員削減の最終的措置である整理解雇の法的有効性に関わるものであり（整理解雇では、解雇回避努力をしているかが有

効性判断で問われ、希望退職募集は解雇回避努力の典型的な手段です）、それが解雇回避に不十分な態様でなされた場合、後に行われる整理解雇の効力に影響が生じる可能性があります。すなわち、希望退職募集は、解雇の前に自主的な退職者を出すことで、なるべく解雇を回避することに意味があるのであって、応募してきた者を退職させないのでは、解雇回避の意味が薄れることとなり、ひいては、希望退職募集の後に行う整理解雇の効力にマイナスに判断されることも予想されます。ですから、希望退職募集の場合は、特別な事情がない限り、応募者の退職を受理しないことは避けたほうがよいでしょう。もっとも、退職応募者がある程度の人数に達しているなど、後段階の整理解雇を行わない見込みとなっている場合は別といえます。

　なお、会社にとって特に必要な人材に希望退職募集に応じてもらいたくないような場合は、希望退職募集の前に、募集に応じず残ってもらいたい旨を重々説示しておくという実際の努力と並行して、希望退職募集の説明の際に、余人をもって代え難い者の場合は希望退職の申し出を受理しない場合がある旨を明らかにしておくことが考えられます（もっとも、この「余人をもって代え難い者」は、ごく少人数に限らないと、やはり、解雇回避の措置としての希望退職募集の意味が希薄化することになります）。

[3] 早期退職募集の場合

　早期退職募集の場合は、後段階としての整理解雇を予定していないので、[1] のとおり、会社として退職応募を受理するか否かは、応募者ごとに判断することが可能です。ただし、この場合にも、後に応募者から不満が出ないように、早期退職募集の段階から、「会社が必要と認めた者については、退職申し出を受理しないことがある」旨を説明しておくのが妥当です。

Q18 早期退職募集を行う際、退職加算金や競合他社への就業制限等の条件設定はどのように行えばよいか

　当社ではこのたび、従業員が特定の年齢層にやや偏在していることを是正するとともに、従業員のセカンドキャリアを支援するため、早期退職募集を実施することを考えています。ただ、会社としては、今後も在籍してもらわなければ困る従業員が退職に応じることは抑制したく、また、仮に退職してしまうとしても、競合他社に就職されることは防ぎたいと思っています。このような場合、どのような条件設定で早期退職募集を行うのが妥当か、具体例を教えてください。

 募集に応じてもらいたい層の退職加算金の条件を良くするとともに、在籍してほしい従業員からの退職申し出を受理しない旨の早期退職不受理条項を定めておく。競合他社への就業制限については、競業避止条項と加算金返還条項を設けることで対応する

[1] 早期退職募集における退職条件の設定

　早期退職の募集は、一般に、自主的に定年前に退職する従業員を募集する措置であり、それが一定の人数に達しなかったとしても、人員削減のために整理解雇を行うことは予定されていません。したがって、その実施に当たり、会社としては、退職条件について、公平性を考慮しなければならないということはありません（従業員としては、退職条件が不公平という不満を持った場合には退職に応募しなければよく、応募しないからといって、後に解雇されるリスクもない以上、何らの不利益もないといえます）。会社としては、早期退職募集措置の目的に適するようにその退職条件を設定することができるため、次のような例が実務的にはよく見られます。

[2] 退職条件の具体例

　ご質問の内容に沿って、退職条件の具体例を考えると、以下のものが挙げられます。

(1) 退職加算金の配分

　早期退職募集において、実務上、最も重要な退職条件は退職加算金です。早期退職募集では、原則として会社の裁量で退職条件を決定できるため、会社としては、早期退職募集に応じてもらいたい層の条件を良くして退職応募の動機づけをすることが一般的です。ご質問のような状況では、従業員が偏在している年齢層の退職加算金を手厚くするように条件を設定することが通常です。また、場合によっては、従業員が偏在している年齢層およびそれに近い年齢層に限定して、早期退職に応募する資格を与える、ということも考えられるでしょう。

(2) 早期退職不受理条項

　早期退職募集では、自主的な退職者を募集するものですが、会社にとっては在籍してほしい従業員が退職してしまうリスクもあります。そのようなリスクを回避するために、「会社が必要と認めた者については、退職申し出を受理しないことがある」旨の条項を設定しておくことが一般的です。

(3) 競業避止条項および加算金返還条項

　会社としては、早期退職者が競合他社に転職することは避けたいところでしょう。こうした場合、(2)の不受理条項で対応することも可能ですが、それに加えて、退職してから一定の期間は競合他社に転職しない旨を規定することも効果的です。ただし、これは、第5章でも述べたように、常に法的効力が認められるとは限りません。そこで、退職者が競合他社に転職した場合、早期退職募集に応募したことで得た退職加算金を返還する条項（加算金返還条項）を規定するという方策も考えられます。この条項は、加算金返還条項が意に沿わなければ、そもそも従業員としては早期退職募集に応募しなければよいといえるので、一般には有効と解されます（野村證券元従業員事件　東京地裁　平28.3.31判決）。

Q19 早期退職募集と希望退職募集の手続き上の相違点は何か

　当社では、経営状況に鑑み、人員削減を考えており、早期退職募集と希望退職募集の双方を視野に入れて検討しています。当社の現況に適した方法を選択したいので、両者の手続き上の相違点を教えてください。

後に整理解雇を想定しない早期退職募集とは異なり、希望退職募集では、具体的な財務・経営状況を説明する資料を用意した上で複数回の説明会を開催するなど、丁寧な手続きを尽くすことが必要

[1] 早期退職募集と希望退職募集

　早期退職募集と希望退職募集とでは、募集段階で想定した人員削減が十分に果たせなかった場合に、後段階で整理解雇を想定しているか否かという点が異なりますが、個々人にではなく、相当数の従業員に対して、退職者を募集し、従業員からの退職申し出を呼び掛ける（退職の意思表示を誘因する）点で、外形上は共通しています。したがって、その両者の手続き上の相違点は意外と分かりにくいところがあります。

[2] 退職者を募集する際の説明内容・程度

　早期退職募集と希望退職募集の最も大きな違いは、前者は後に整理解雇を想定していませんが、後者はこれを想定している点です。ですから、希望退職募集の場合には、募集の際に、応募状況によっては整理解雇に移行することがある旨を従業員に説明する必要があります。

　また、希望退職募集の場合は、整理解雇の4要素（①人員削減の必要性、②解雇回避の努力、③被解雇者選定の妥当性、④手続きの妥当性）を考慮しなければなりません。すなわち、整理解雇に至った時のことを想定して、全体的に丁寧な手続きを尽くすことが必要となります。

具体的には、事案と必要に応じて、❶複数回の説明会を開催する、❷従業員側からの質問に回答する機会（質問会）を設ける、❸説明会には具体的な財務・経営状況を説明する資料を用意する（前記①の説明）、❹もし希望退職募集の応募者が一定人数に達しなかった場合に、どのような人選基準で整理解雇に及ぶ予定であるのかを示す（前記③の説明）——といった手続きが必要です。無論、早期退職募集の場合でも、募集に至った状況について、一定の説明を行うのが実務では一般的ですが（そうでないと、応募者が集まらず、不十分な結果となることが多いです）、希望退職募集の場合は、後に行うかもしれない整理解雇の効力に影響が及ぶ可能性があるため、その説明内容・程度には慎重を期します。

　もっとも、早期退職募集、希望退職募集のどちらでも、応募した従業員との間で退職条件の認識に相違がある場合、後のトラブルに直結するため、退職条件については、具体的に（特に金銭面については、その内訳ごとに具体的な金額で）説明する必要があります。これは、後に「言った、言わない」の問題にならないように、書面にて行うのが一般的です。

[3] スケジューリング

　希望退職募集の場合は、経営状況の問題から、人員削減を行うにも、一定の期限までに実施する必要があることが多いです。したがって、「希望退職の募集→説明会の実施（場合によっては質問会や従業員との面談も）→応募→応募者が少なかった場合の整理解雇」といった各措置について、おおよその時期（スケジュール）を当初より定めておく必要があります（無論、実行の際には当初のスケジュールより多少の時間的ずれが見られることも珍しくありません）。

　一方、早期退職募集は、実務上、従業員のセカンドキャリア支援等を目的とした恒常的な制度として実施されていることも多く、そうでなくとも、一定期間までの人員削減を必須としているものでもない（応募者が少なくても解雇に踏み切る予定はない）ので、スケジューリングにしても、希望退職の場合ほどは、厳密さは求められないことが多いです。

早期退職募集に応募してもらうためには、
どのような対策が必要か

　当社では、特定の年齢層の従業員が多く、社内でそうした従業員を処遇するポストが不足していることから、今般、早期退職募集を実施することとしました。ただ、従業員にも生活があるので、あまり多くの人は応募してくれないのでは、と思っています。多くの従業員に、この施策を理解して応募してもらうには、どのような対策が必要でしょうか。

　退職加算金を支給するなどの優遇措置を設けるほか、会社が認識している実情を率直に伝え、従業員にも最大限配慮した退職条件を用意していることを理解してもらうべく、施策の背景についても説明を行う

[1] 早期退職募集の構造

　早期退職募集は、従業員に対して、その自主的な判断により退職の申し出（意思表示）を行うことを誘引するものであり、従業員が退職申し出の意思決定を行わない場合には、何らの法律上の効果も生じませんし、早期退職募集の目指すところ（ご質問では、ボリュームゾーンである年齢層の従業員について、定年前に労働契約を終了すること）は達成されないこととなります。

　そこで、当然ながら、適度な人数の従業員に早期退職募集に応募してもらえるような対策が必要となります。

[2] 早期退職募集に応募してもらうための対策

　従業員にとって、退職の判断とは、自己の生活の基盤を揺るがす大変なものであるため、早期退職募集は、従業員にとっても退職することに相応のメリットがあるものでなければ、なかなか理解が得られません。そこで、メリットを感じてもらうためにも、退職加算金を支給するなど

の優遇措置を設けることが考えられます。また、それだけではなく、会社が認識している実情を率直に伝え、その従業員にも最大限配慮した退職条件を用意していることを伝え、応募に対する理解をしてもらうことが必要となります。例えば、以下のようなことを説明することが考えられます。

- 会社にとどまる場合、残念ながら、対象となる従業員にとって納得のいくポストがなくなりつつあること（特定の年齢層に従業員が偏在していることによる経営上のリスクを解消する方針であること）
- 事業の変遷に伴う処遇の変化の必要性（事業内容が変化し、本人の持っているスキルと会社が求めるスキルが一致しないことによる処遇の見直しの必要性等）

以上の見地からは、早期退職募集を行う際には、従業員に対して、単に退職条件を説明するにとどまらず、なぜ早期退職募集が必要となるのかという施策の背景の説明も行うべきでしょう。

[3] 従業員に対する個別の面談の実施

同じ早期退職募集の対象者の中にも、今後、社内でポストを用意できる可能性の高い従業員とそうでない従業員とがいることでしょう。後者の従業員に対しては面談の上、その従業員を処遇するポストを確保することが難しい理由を説明すること（場合によっては、その説明に対する当該従業員からの質問にも逐一回答すること）が望ましいといえます。無論、その面談は、その従業員の自主的判断を尊重するような内容で行わなければならず、退職勧奨として違法性を含むことにならないよう留意する必要があります（詳細は、第7章参照）。当該従業員が会社にとどまると選択した場合の処遇については、面談時には確定的なところは不明であることが多いでしょうが、少なくとも、業務遂行において求められる改善点や努力すべき点を説明することが望ましいでしょう。

付　録

1 退職に関する就業規則への規定例

（退職）

第○条　社員が次のいずれかに該当するときは、退職とする。

① 退職を願い出て会社が承認したとき

② 退職願を提出して 14 日を経過したとき

③ 期間を定めて雇用されている場合、その期間を満了したとき

④ 第○条に定める休職期間が満了し、なお休職事由が消滅しないとき

⑤ 死亡したとき

⑥ 第○条に定める定年に達したとき

⑦ 会社に連絡がない欠勤が 30 日経過し、会社が所在を知らないとき

2　前項第 1 号の場合は、原則として、退職日の 1 カ月以上前までに所属長に退職願を提出するものとする。

3　社員が退職し、又は解雇された場合、その請求に基づき、使用期間、業務の種類、地位、賃金又は退職の事由を記載した証明書を遅滞なく交付する。

資料出所：厚生労働省「モデル就業規則（令和 4 年 11 月版）」を一部改変。
https://www.mhlw.go.jp/stf/seisakunitsuite/bunya/koyou_roudou/roudoukijun/zigyonushi/model/index.html

2 退職合意書の例

退職合意書

株式会社○○（以下、「甲」という）と○○○○（以下、「乙」という）は、甲乙間の雇用契約の終了に関し、以下のとおり合意した。

1　甲と乙は、乙が甲を、令和○年○月○日付で、○○[※1]により退職することを確認する。

2　甲は乙に対して、令和○年○月分の給与 **** 円から公租公課を控除した **** 円を令和○年○月○日限り、乙の給与支払口座に振り込む方法により支払う。但し、振込手数料は甲の負担とする。

3　甲は乙に対して、退職金規程に基づき、退職金 **** 円から公租公課を控除した **** 円を令和○年○月○日限り、乙の給与支払口座に振り込む方法により支払う。但し、振込手数料は甲の負担とする。

4　乙は、甲に対して、令和○年○月○日限り、社員証、名刺、入館証、携帯電話、パソコン、健康保険証（家族分を含む）その他の甲が乙に貸与した一切の物を返還する。

5　甲と乙は、本合意書締結にいたる経緯及び本合意書の内容を第三者に口外しない[※2]。

6　甲と乙は、乙が、令和○年○月○日付「誓約書」[※3]に基づく義務があることを確認する。

7　甲と乙は、甲と乙の間には、本合意書に定めるもののほか、何らの債権債務がないことを相互に確認する。

本合意書の成立を証するため、本合意書を2通作成し、甲と乙の署名・押印の上、各1通を保有する。
令和○年○月○日

　　　　　　　　　　　　　　　　　甲　　東京都○○区○○町○−○−○
　　　　　　　　　　　　　　　　　　　　株式会社○○
　　　　　　　　　　　　　　　　　　　　代表取締役　○○　○○　㊞

　　　　　　　　　　　　　　　　　乙　　東京都○○区○○町○−○−○
　　　　　　　　　　　　　　　　　　　　　　　　　○○　○○　㊞

※1　ここでは、退職理由を記載する。
※2　退職合意書が締結される場合は、当該従業員とトラブルに至っていることがある。その場合、周囲に口外されてしまうと、同様の状況の従業員がいればトラブルがその従業員にまで波及したり、同様のトラブルにおける解決方法の基準とされてしまう恐れがあるため、合意書締結に至る経緯、つまりトラブルの内容およびその解決の経緯を第三者に口外しない旨を定めておくことがよい。
※3　競業避止義務に関する誓約書、秘密保持義務に関する誓約書等、通常の退職時に記載することとされている書面を記載する。このような書面がなければ、第6項には、本書251、252ページ記載の競業避止誓約書および秘密保持誓約書の内容を定めておくことがよい。

3 競業避止義務、秘密保持義務の就業規則への規定例

第○条（競業避止義務）

　社員は、在職中は、会社の書面による許可がない限り、自ら会社と競合する事業を営み、又は、競合する企業へ役員、従業員等の待遇を問わず就職してはならない。

2　社員は、退職後○年間[1]は、会社の書面による許可がない限り、○○（地域）[2]において、自ら会社と競合する事業を営み、又は、競合する企業へ役員、従業員等の待遇を問わず就職してはならない。

第○条（秘密保持義務）

　社員は、業務中に知り得た会社の製品の製造方法等、技術上・営業上の秘密情報その他会社が秘密と指定した一切の情報を在職中又は退職後を問わず、第三者に開示、漏洩し、又は、業務外の目的で利用してはならない。

※1　期間について、一概に判断はできないところではあるが、裁判例の傾向では、おおむね2年が許容されるかどうかの分水嶺とされている。
※2　地域については、退職時に就業していた事業所と具体的に市場が競合する市区町村や都道府県を入れる例が多い。

4 競業避止誓約書の例

株式会社○○
代表取締役　○○○○　殿

誓約書

　私は、貴社を退職するにあたって、退職後、下記の事項を遵守することを誓約いたします。

記

1　私は、貴社を退職後○年間は、貴社の書面による許可がない限り、○○（地域）において、自ら貴社と競合する事業を営み、又は、競合する企業へ役員、従業員等の待遇を問わず就職しません。

2　私は、本誓約書の誓約事項に違反した場合、弁護士費用、貴社の顧客への対応費用その他の貴社が被った一切の損害を賠償いたします。

以上

住所
氏名　　　　　　　㊞

5 秘密保持誓約書の例

令和○年○月○日

株式会社○○
代表取締役　○○○○　殿

誓約書

　私は、貴社を退職するにあたって、退職後、下記の事項を遵守することを誓約いたします。

記

1　私は、貴社を退職するにあたって、以下に記載する貴社で知り得た技術上・営業上の情報（以下「秘密情報」といいます）が貴社に帰属することを確認し、秘密情報が記載された文書、写真、USBメモリーその他の情報を記録することのできる一切の媒体について、原本はもちろん、そのコピー等も直ちに貴社に返還し、秘密情報を自ら保有しないことを確認します。

①　貴社の製品開発に関する技術資料、製造原価及び販売価格決定に関する一切の情報
②　顧客に関する一切の情報
③　・・・[※1]
④　その他会社が秘密と指定した一切の情報

2　私は、貴社を退職後も、秘密情報を、第三者に対して、方法の如何を問わず、貴社の書面による許可がない限り、開示又は漏洩せず、自ら使用しません。

3　私は、本誓約書の誓約事項に違反した場合、弁護士費用、貴社の顧客への対応費用その他の貴社が被った一切の損害を賠償いたします。

以上

住所
氏名　　　　　　　　㊞

[※1]　秘密情報として保護したい情報を具体的に記載する。

6 退職金の不支給、返還に関する規定例

（懲戒解雇・諭旨解雇、競業行為、退職後の非違行為発覚時）

第○条　従業員が次の各号に該当する場合、会社は退職金を不支給
とする。但し、事情を考慮し、一部減額して支給することがある。

⑴　懲戒処分により解雇されたとき

⑵　懲戒事由に該当する背信行為を行ったとき

⑶　会社の書面による許可を得ずに、自ら会社と競合する事業を
営むか、競合する企業に就職するなどの背信行為があったとき

第○条　既に退職金を支給された従業員が次の各号に該当する場
合、会社は既に支給した退職金の全部又は一部の返還を求めるこ
とができる。

⑴　退職又は解雇された後、その在職期間中に第○条2号、3号
に該当する事実があったことが判明したとき

⑵　退職した後、○年を経ずして自ら会社と競合する事業を営み、
又は、競合する企業に就職したとき

【著者紹介】

岡芹　健夫（おかぜり　たけお）

弁護士法人髙井・岡芹法律事務所　代表社員弁護士

1991年早稲田大学法学部卒業。1994年第一東京弁護士会登録、髙井伸夫法律事務所入所。2010年髙井・岡芹法律事務所に改称、同所所長就任。2023年弁護士法人髙井・岡芹法律事務所に改称、同代表社員弁護士就任。第一東京弁護士会労働法制委員会委員、東京三弁護士会労働訴訟等協議会委員および経営法曹会議幹事等。主な単著に、『労働法実務　使用者側の実践知〔LAWYERS' KNOWLEDGE〕第2版』（有斐閣）、『労働条件の不利益変更　適正な対応と実務』（労務行政）、『取締役の教科書　これだけは知っておきたい法律知識』（経団連出版）等がある。

近藤　佑輝（こんどう　ゆうき）

弁護士法人髙井・岡芹法律事務所　弁護士

2018年中央大学法学部卒業。2020年第一東京弁護士会登録、髙井・岡芹法律事務所入所。日本スポーツ法学会会員等。

カバーデザイン／エド・グラフィック・デザイン
本文デザイン・印刷・製本／株式会社 加藤文明社

現場の悩みを解決！
退職をめぐるトラブル対応の実務

2023年3月7日　初版発行

著　者　岡芹健夫　近藤佑輝
発行所　株式会社 **労務行政**
　　　　〒141-0031　東京都品川区西五反田3-6-21
　　　　　　　　　　住友不動産西五反田ビル3階
　　　　TEL：03-3491-1231
　　　　FAX：03-3491-1299
　　　　https://www.rosei.jp/

ISBN978-4-8452-3391-5